獻詞

獻給
奉耶穌基督的名祈求的代禱勇士

時兆文化
SIGNS OF THE TIMES

I PRAY FOR
You

我願為你禱告

台港韓
18位基督徒
共同執筆

鍾信仁
劉仁源
雷顯威
溥又新
黃銀成
黃暉庭
焦望新
陳淑珍
崔昌鉉
孫仁智
胡子輝
紀惠容
柯茂峰
林福德
林宏修
沈美華
吳偉進
尹可名

出版序

◎發行人

　　在維基百科中，基督徒禱告的定義是與上帝交通，可以是讚美、祈求、懺悔或者僅僅是表達自己的思想或願望。這是對禱告很中肯的描述，根據《2013年台灣基督教會教勢報告》台灣基督徒占總人口數將近7%，可是許多基督教機構（醫院、傳媒、慈善社團）中的基督徒職工比例卻非多數，這現象或許因著專業職能的考量，也因著每個人恩賜不同所呈現的結果。

　　在基督教機構中，禱告是非常重要及普遍的一種語言，不論開會、活動、禮儀甚至用餐前都會禱告，然而這對很多非基督徒或是初信者而言，可能視禱告為畏途。其實禱告是一種心靈的溝通對話，我剛參與基督教活動時，曾經為了隔天要禱告而憂慮，甚至整晚都睡不著覺；一位資深牧者告訴我，禱告就是你和上帝

交通的一種方式，不必拘泥於時間、形式、語句的華美或冗長的禱詞，最重要的是一顆真摯的心，求上帝與你同在的力量。多年後想到這樣的教訓，讓我再次想要出版一本幫助非基督徒、慕道友，讓他們也都能喜愛禱告的書，或許在你最不經意的時刻，禱告能給你人生最大的幫助，甚至推己及人；你的禱告也會帶給別人屬靈的信息與安慰，進而幫助你在職場、家庭甚至社會的和諧關係。

不同於市面許多禱告書籍以西方人觀點撰述，《我願為你禱告》絕大部分由華人牧者撰寫，除了解析禱告的種類與意義外，更提供生活中不同情境的禱告詞句參考，但此書目的並非作為制式化的禱告樣板，而是希望引導和幫助初信者可以懷著崇敬的心情敬拜禱告，面對生活中的喜怒哀樂都能樂意與神分享、交通，這也是我們出版此書最大的喜樂。

致讀者

◎編輯部

> 「我勸你,第一要為萬人懇求、禱告、代求、祝謝。」
> ——提摩太前書2章1節

> 「互相代求……義人祈禱所發的力量是大有功效的。」
> ——雅各書5章16節

　　基督徒都知道禱告的重要以及代禱的力量,但是,我們也發現,有為數不少的基督徒表示,有時候,在一些公開、半公開的場合需要為他人禱告,或是公開禱告時,不知道該說些什麼,不知道該如何禱告。

　　連基督徒都不知道要怎麼禱告了,那些在基督教機構工作的非基督徒,就更不知道如何開口禱告了。

　　因此,我們企劃製作《我願為你禱告》這本書,讓有這樣經驗的讀者,能夠在任何情境、場合,都能找到適合做為學習禱告的範例。

　　擬定企劃後,我們開始邀請各教會牧者、社會各領域賢達基督徒,為本書所羅列的需要來寫禱告詞,讓基督徒讀者可以更樂意積極地為人禱告;讓非基督徒不用害怕公開禱告。

　　此外,書中還設計了「禱告Q&A」和基督教「常用名詞解說」兩個單元,邀請牧師回答有關禱告的疑問,盼能幫助初信者和慕道友,更明白禱告的深層意涵並增進有關基督教的知識。

時兆編輯部　謹誌

THANK YOU!

感謝參與本書撰寫的每一位作者

「願從祂豐滿的恩典裡，我們都領受了，而且恩上加恩。」
——約翰福音 1 章 16 節

尹可名	伊甸社會福利基金會董事
吳偉進	復臨教會北亞太分會會長助理（中國及台灣事務）
沈美華	教牧協談師
林宏修	磐石製作總經理
林福德	三育基督學院神研所副教授
柯茂峰	松山教會堂主任
紀惠容	勵馨社會福利事業基金會執行長
胡子輝	香港港安醫院副院長
孫仁智	復臨教會台灣區會青年部幹事
崔昌鉉	韓國時兆出版社書籍主編
陳淑珍	火把行道會會友
焦望新	復臨教會華安聯合會行政祕書
黃暉庭	臺安醫院院長
黃銀成	竹南聖教會主任牧師
溥又新	臺安醫院院牧
雷顯威	台南衛國街基督教會牧師
劉仁源	希望電視台台長
鍾信仁（江兒）	中華迦拿婚姻家庭成長協會副理事長

按姓氏筆劃排序

目錄

Part I 禱告 Q&A

Part II 我要為你禱告

為職場伙伴禱告

為親人禱告

為朋友禱告

為教會／社會禱告

Part III 常用名詞解說

Part I
禱告 Q&A

20則常見有關禱告的疑問，邀集眾牧者答題解惑

> 祈禱乃是最淺話語，嬰孩也能嘗試；
> 祈禱又是最美音樂，能邀至尊注意。
>
> 祈禱乃是信徒呼吸，信徒生活空氣；
> 祈禱是祂臨終口號；進入天門標記。
>
> 主乃道路真理生命，見父賴主引導，
> 主既親歷祈禱之途，懇求教我禱告。

——James Montgomery, 1771-1854
復臨教會《讚美詩》第237首

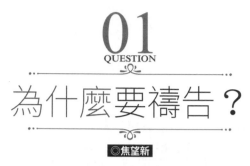

01
QUESTION

為什麼要禱告？

◎焦望新

　　禱告是屬靈的呼吸，正如人需要正常呼吸為身體提供足夠的氧氣，禱告也是基督徒屬靈生命中不可缺少的。

　　呼吸包括呼氣和吸氣兩部分，禱告也是雙向的。禱告不但是將我們的讚美、認罪、感謝和呼求告訴上帝，也是聆聽上帝對我們的回應。故此禱告的時候，要用安靜的心聆聽。

　　禱告是與上帝建立關係的方法。關係的建立需要溝通，也需要投入時間和精力。最初上帝造人的時候，人可以直接面對面見上帝，而上帝也每天來到伊甸園中，與亞當夏娃談話。可是人犯罪之後，就不能在聖潔的上帝面前存活。但上帝對人的愛並沒有因此而改變，祂還是希望人與祂建立親密的關係，而這樣的關係就是借著禱告來建立的。

禱告是基督徒屬靈身分的確認。正如朋友和親人會將他們個人的電話號碼給我們，上帝用禱告給了我們一個直接與祂談話的方法。因為我們認識上帝，祂也認識我們。祂告訴我們，只要我們願意，隨時都能向祂禱告。

基督徒要養成禱告的習慣，最好的方法是定時，例如：早上起床後，晚上睡覺前，每次吃飯前。除此之外，更可以利用等車、排隊、購物、運動的時間，隨時禱告祈求。總之，我們的禱告越多，就越能靠近上帝，我們也越有上帝的品格和形象。

02
QUESTION

禱告有什麼能力？

◎焦望新

耶穌說：「你們若奉我的名求什麼，我必成就。」（約翰福音14章14節）故此，禱告是打開上帝能力來源的鑰匙。

禱告帶來上帝赦罪的能力。每個人都需要上帝的救贖，《聖經》說：「我們若認自己的罪，上帝是信實的，是公義的，必要赦免我們的罪，洗淨我們一切的不義。」（約翰一書1章9節）禱告認罪是表示我們意識到自己的狀況，願意脫離罪惡，上帝才會赦免我們的罪。

禱告帶來上帝保護的能力。在這個危險的世界中，我們需要上帝的保護，禱告是我們向上帝祈求保護的方法，禱告

是允許上帝將保護網罩在我們和親人、朋友的身上，防備惡者撒但的攻擊。（以弗所書6章11－17節）

禱告帶來永生的盼望。人人都知道生命的有限，但人自己卻無法保持或延長生命。耶穌說：「復活在我，生命也在我！信我的人，雖然死了，也必復活。」（約翰福音11章25節）禱告表示我們對耶穌的信靠，我們把生命交給祂，由祂掌管，而祂保證，所有相信祂的，祂都能拯救到底。

禱告帶來生活的勇氣。生活有許多難處，但耶穌說：「凡勞苦擔重擔的人，可以到我這裡來，我就使你們得安息。」（馬太福音11章28節）禱告表示我們願意來到耶穌這裡，放下重擔，由祂擔當，祂就保證給我們平安與舒適。

禱告所帶來的能力，不計其數，但願我們都能得到這把鑰匙。

禱告語錄
「復興必須以禱告為前提。」
──懷愛倫（Ellen G. White）

03
QUESTION

禱告
有一定的模式嗎？

◎黃銀成

　　禱告，不在乎話語的多少、辭句的巧拙，只要用心靈和誠實向神說話；因為神是靈，我們必須用心靈和誠實與祂聯合，在我們和神的中間不可有虛偽存在。人在人的面前常有虛偽，心口不一，心中滿懷著詭詐，口裡卻說得動聽；但我們向神禱告的時候，必須以至誠的心來到祂面前，我們的靈才能和神的靈相連，使神聽我們的禱告。

　　禱告沒有固定的模式，禱告是對神說話，如同我們與朋友說話一樣，我們與人說話，不會有固定的模式，一般在禱告之前，我們要知道自己是在向誰禱告，所以會以對上主稱呼為開始，可稱「親愛的主耶穌」、「慈愛的天父」等等。

　　禱告結束時要說：「奉耶穌的名禱告，阿們。」全世

界的宗教有各樣不同的禱告，但神只垂聽「奉耶穌的名」禱告文，意思即是祈求神看在耶穌的分上而垂聽我們的禱告。「阿們」的意思就是「誠心所願」，就是，以上的禱告正是來自我內心深處最誠摯的祈禱。

　　禱告，絕對不是一個形式，而是使人重新得力的關鍵！受苦的時候，我們就來禱告；喜樂的時候，我們就向神歌頌，無論何時何地，都能享受與神連結的平靜安穩！

　　只要我們願意開口，無論是有聲或無聲的禱告，神都聽得見。不管是感情、工作、課業、家庭、服事……都可以用不灰心的禱告來經歷神蹟，因為祂是垂聽禱告的神！

禱告語錄

禱告，絕對不是一個形式，而是使人能重新得力的關鍵！
　　　　　　——黃銀成

04
QUESTION

禱告內容有順序嗎？

◎黃銀成

　　向神禱告的內容並沒有先後順序，而其內容可以包括：敬拜、讚美、信靠、祈求、認罪、順服和感恩等等，當我們看見神所創造之物，心中充滿驚嘆與感動，就可以開口讚美神的創造。而《聖經》中有許多用詞可以拓展我們對讚美的了解。查考讚美的含義包括：讚揚、祝福、榮耀、歌頌、尊崇、頌揚、誇耀、歡愛、歌唱，並以神為榮。這些在《聖經》新、舊約中的字彙展現了讚美的風貌。在讚美時逐一地默想並使用，可以讓個人的讚美更豐富、更喜樂。

　　當我們犯罪而得罪神，或是心中有罪疚感，此時需要認罪，求主赦免。在《聖經》中的「罪」，簡單的定義就是：沒有達到上帝的標準，便稱為罪。所以《聖經》所講的罪，不一定指犯法被法官審判後才稱為罪。上帝的標準，比法律

上所認定的罪還要高。耶穌在〈馬太福音〉第5章提到：當你恨一個人，等於是殺了他；當你對婦人有淫念，等於是犯姦淫。「思想」在法律上不算為有罪，因為沒有行為事實，但是對上帝來說，這就是犯罪。人本來就有罪，從始祖亞當就犯了罪、得罪了神，所以，當動機產生了罪的思想，就要來到神的面前祈求赦免。

在生活中，我們需要神的帶領，因此我們也需要祈求，**禱告就是把我們內心的一切，放在神面前**，不論傷痛、憂慮、喜樂、愛慕、讚美、抱怨、軟弱、疑惑，我們都可以毫無保留地、自然地呈現在主前、與祂分享、求祂分擔。除非你向主坦誠，否則你很難去了解主的旨意，讓我們藉著禱告學習禱告。

禱告語錄
禱告就是把我們內心的一切，
放在神面前。
——黃銀成

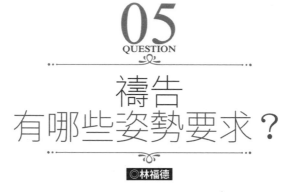

禱告
有哪些姿勢要求？

◎林福德

　　禱告沒有什麼特定的姿勢，心靈比姿勢重要多了，懷著一顆虔誠的心來禱告，比懷著一個很特別的姿勢禱告重要多了。所以禱告者覺得哪種姿勢最合宜，就採取哪種姿勢禱告就可以了。

　　威廉‧克理（William Carey）曾說：「禱告——暗中、熱切，和滿有信心的禱告——是一切個人敬虔的根本。」

　　因此，跪著禱告或特殊姿勢禱告，並不表示比一般的禱告更重要、更困難，只是表示目前這一類的禱告姿勢並不普遍。事實上，每一種禱告都很重要，而每一種禱告，也都需

要用心靈和誠實來到上帝的施恩座前。

　　特殊姿勢的禱告若能在日常禱告中經常使用，它就變得不是那麼特殊了。

《聖經》中記載有關禱告的姿勢：

　　　①臉伏於地　　　民數記16章22節

　　　②站立　　　　　列王紀上8章22節

　　　③跪下　　　　　歷代志下6章33節

　　　④高舉雙手　　　詩篇28篇2節；提摩太前書2章8節

　　　⑤屈身　　　　　詩篇95篇6節

　　　⑥伸出雙手　　　以賽亞書1章15節

　　　⑦躺下　　　　　以賽亞書38章21、22節

禱告語錄
「向神祈求大事，為神圖謀大事。」
　　　——威廉‧克理（William Carey）

06
QUESTION

禱告有哪些型態？
各有何不同？

◎林福德

在《聖經》中最常被信徒提及的宗教經驗，除了敬拜之外就是禱告。駱其雅（Herbert Lockyer）在《聖經中全備的祈禱》（All The Praters Of The Bible）前言中，提到650多個具體的禱告，其中有450個被應允的記錄。

筆者發現禱告極為多樣性，禱告是屬靈活動的主要信仰中心，如：聖殿的奉獻（列王紀上8章）、重大的政治和軍事危機（歷代志下2章）、宗教過度的時期（但以理書9、10章），在面臨危機時（耶利米書），個人在艱難時，拚命地尋求宗教的答案（哈巴谷書）時，各世代中的信徒持續地在《聖經》中發現禱告意義。在〈使徒行傳〉的教會信徒完全依靠禱告。〈使徒行傳〉中提到祈禱19次，而且教會的成長似乎源於禱告。因此，沒有任何一種情況是不適合禱告的，也沒有因為團體太

大或太小而無法禱告的。

　　以下說明五種禱告的型態：開口禱告、默想禱告、禁食禱告、個人禱告、同心（團體）禱告。

一、開口禱告

　　開口禱告和默想禱告在屬靈操練裡，經常有廣泛區別。可是筆者發現在《聖經》的禱告實踐中，開口禱告和默想禱告這兩者經常混合並相互流通，有許多的重疊，並且在某些實際狀況中難以區分。典型的區分方法是：開口禱告是口語的，而默想禱告是沉默或無語的。

❶開口禱告的三個基本要素：

①**動機與選擇（Intention and Choice）**：基督徒可以決定要選擇採取何種禱告，上帝並不強迫我們採取什麼型式的禱告，而是基督徒依個人需要而決定的選擇。

②**分享（share）**：禱告主要的是與上帝傾訴，因此，開口禱告就如人與人溝通，所有的行為舉止是類似的。在禱告時、靈修時，我們是跟上帝在一起，向祂分享我們的問題和心事，就像是來到朋友身旁傾訴。基督徒相信上帝是愛，是最了解我們的。

③平衡（balance）：開口禱告是透過公開的、朋友式的交談關係，來與耶穌和父上帝接觸。從《聖經》裡認識祂到開口禱告，一直發展到就如和上帝談論的友誼關係，但是我們不能夠忘記祂是王，同時也是宇宙的主宰。

2 開口禱告的四個關鍵元素：

①稱呼（Address）：我們禱告時向誰說話？我們稱呼我們的主耶穌基督，這是使禱告基督化，我們有特權與那在《新約聖經》中要我們稱祂為父的上帝說話。《新約聖經》中，耶穌的口中多次說出「abba」（阿爸父），亞蘭語稱「爸爸」。福音書提到耶穌在禱告中都以「abba」稱呼上帝（參閱馬可福音14章36節）。在主禱文中，「父親」一詞毫無疑問地被使用。禱告中稱「阿爸！父」是強調基督教的信仰是以家庭為核心的。當我們在禱告中說出這個詞的同時，亦在祂的榮耀和神蹟中享福祉。

②崇拜（Adore）：在稱呼之後，我們帶著崇拜、讚美，並對所有從神而來的事感恩。我們當「以感謝進入祂的門，以讚美進入祂的殿」（詩篇100篇4節），我們承認祂為我們所做的一切，並且承認祂是上帝。

③請求（Ask）：《聖經》中的禱告模式，的確將我們的請求包括在其中。信徒可以隨時將他們的需要告訴上帝。在請求中，包含了我們自己的需要，但大部分需求應該是為其他人

代求。請求可以是屬靈的，無須排除身體的需要。畢竟，主禱文也包括請求賜下每日的糧食。

④**中保（Advocate）**：我們在結束禱告時提出中保，誰能使我們的禱告有功效？如何將它呈到上帝面前呢？誰使我們的禱告有權柄？對基督徒而言那就是救主。耶穌告訴祂的門徒：「你們奉我的名無論求什麼，我必成就，叫父因兒子得榮耀。你們若奉我的名求什麼，我必成就。（約翰福音14章13、14節）」。同樣，耶穌的話在〈約翰福音〉出現，「……你們若向父求什麼，祂必因我的名賜給你們。向來你們沒有奉我的名求什麼，如今你們求，就必得著，叫你們的喜樂可以滿足。」（約翰福音16章23、24節）顯然地，奉耶穌的名求是很重要的。

二、默想禱告

默想是一種屬靈的操練，也是一種安靜等候、進到神面前的屬靈活動。這樣的信仰實踐會帶來生命的更新，使我們得到活力。

默想是在內心安靜的情況下，靠著聖靈的引導反復思想神話語的含義，或思想神與自己各種經歷的關係。

默想不是幻想，在默想裡我們意識到神的存在，肯定神

在掌管著一切，因此在默想的背後，我們必須懷著一顆信靠神的心。

　　基督教的默想最大的福分，是在默想的過程中，我們經歷到神與人相遇，體會到一份愛的關係。所以我們應該在意念上暫時與世界分開，把自己的思想和情感完全融入神和祂的愛裡。

以下是默想時要注意的事情：

①**時間：**按著個人的情況來決定，長短不拘。

②**地點：**家裡、公園、郊野，甚至在車上，只要適合自己默想的環境就可以。

③**姿勢：**要舒服、適當，例如：安坐在椅子上、在路上散步、閉上眼睛或睜開眼睛等都可以。

④**專注：**做一些放鬆的動作，例如：深呼吸，使自己更容易進入專注的狀態，把注意力放在神的身上。

⑤**渴望：**在心態上渴想朝見神，渴想聽見祂的聲音。

⑥**唱詩：**如果在默想的主題上遇到困難，可以唱一些熟悉的短詩，或讚美、感恩禱告，以幫助我們投入。

⑦**心靈：**保持敏銳。

⑧**主題：**用經文、時事、生活、大自然等作為焦點去默想。

⑨**記錄：**盡可能記錄默想心得。

⑩**謝恩：**為所領受的向神謝恩。

默想把我們領進內在生命，禁食乃是伴隨的方法。

三、禁食禱告

戈登‧林賽（Gordon Lindsay）在其著作《禁食禱告——進入不可能之境的總鑰匙》（Prayer and Fasting：The Master Key to the Impossible）中說道：「在《聖經》中，當高度挑戰性的情況發生時，或當個人需做關鍵性的決定時，基督徒喜愛用禁食禱告的方法，來得知上帝的旨意，並求祂屬天的介入……禱告確能帶來改變，而在所有的禱告中，禁食禱告最為有效。是的，它是使不可能變成可能的總鑰匙。」

禁食中要求我們將所喜好的、所需要的、所享受的東西置於一旁，這使戒禁者有犧牲的感覺，好像失去了一些對我們有價值的東西似的。

禁食的目的：耶穌教導信徒禁食（馬太福音6章16節），讓自己在神的面前謙卑（路加福音18章9－14節），為要發展屬靈敏銳性；為削減肉體的影響（加拉太書5章16－21節；約翰福音6章63節）；為釋放大能進入我們的禱告生命，去堅固信心並執行禱告，

支取必要的信心與能力，得以去驅逐邪惡權勢，吸引信徒由屬世進入屬靈，發展強壯的屬靈生命；為了一個特別的目標或方向去尋求耶穌；為要生長出與耶穌有更深的親密關係；為尋求健康；為攻破黑暗的勢力等等。

如何禁食：設定一個明確的禁食禱告目標，問自己為什麼要禁食？是否為了得著屬靈的福分、指引、醫治、解決問題、困境等，明白之後就需專注在目標上，如此才能使你在身體受試探及生活受壓力想放棄時，仍能持續禁食下去。

認知禁食禱告的根基是——悔改，作好身體上的準備，求聖靈啟示你明白神希望你作哪一種禁食，限制你的活動層面（但是用藥者仍需注意用藥問題），撥出充分的時間單獨與主在一起等等。

四、個人禱告

個人禱告也是為和別人一同禱告的一種學習，先對自己個人禱告的操練有些體會，把握住一些重點，享受禱告的豐富，以備在集體禱告中產生作用，在團體禱告中發揮強大的影響力。

　　讀者可以試著以個人在一天的光陰作成禱告時間表，從每一天的禱告生活中，累積具體的禱告經驗，最後形成個人的禱告人生。

個人禱告的進行有以下方法：

①**早晨晨更時的禱告：**帶著愉悅的心開始一天的時光，以仰望的心來晨更。晨更禱告的重點是敬拜、順服和奉獻。藉著禱告把自己交託主、投靠主、順服主，讓上帝引導你。

②**每天三餐謝飯禱告：**培養謝飯禱告的習慣，謝飯禱告盡量保持新鮮活潑，應避免固定形式的禱告詞。

③**日常生活行動中的禱告：**培養建立起愛慕禱告的嗜好，用禱告把每天要作的事、要承擔的責任、要接觸的人都擺在上帝手中。可能也有些事是被動接觸的，也可以欣賞、讚嘆、或憐憫、記念的態度來禱告。

④**參加聚會時的禱告：**參加任何聚會應建立正確的態度，無論是唱詩、聽道、禱告等都應當專心投入，當信徒以正確的態度來參與、融入聚會中時，信徒的生命就會成長，並且整個聚會蒙上帝的賜福。

⑤**晚禱：**每天晚上固定半小時的時間做晚禱。把握好晚禱的重點，那就是認罪、感恩、代禱。

五、同心（團體）禱告

〈使徒行傳〉第四章是第一個團體禱告，並且是一個非常有力的團體禱告會。背景是彼得和約翰被上帝使用，他們醫治了一個生來瘸腿的人。團體禱告能把我們的禱告帶到上帝施恩寶座前，因此團體禱告是非常重要，不可以忽視。

簡寧（Ben Jennings）在《禱告的更新》（Prayer Renewal）書中指出團體禱告的本質，有一套團體禱告的公式：$P^d=S（I^{10}）\square^n$。有力的禱告 (Pᵈ= Dynamic Prayer) 等於聖靈（S=Spirit）透過禱告者（I=Intercessor）動工。他運用十項基本要素，並根據積極參與的人數（$\square^n$=Number) 而倍增的。

有力的團體禱告的十項基本要素如下：

①同心合一（使徒行傳1章14節）：彼此謙卑，建立好的人際關係，增長愛心。

②聖潔（彼得前書3章52節）：信徒互相鼓勵不斷對付罪惡，接受聖靈的充滿。

③範圍（使徒行傳1章8節）：為世人和國家禱告，使團體禱告更符合上帝更廣大的旨意。

④《聖經》（詩篇29篇169、170節）：使信徒在團體禱告中專一，需要用經文禱告。

⑤ **參與者**（使徒行傳4章24節）：團體禱告的果效是根據積極參與者的人數而倍增。

⑥ **信心**（馬太福音21章22節）：信心是聖靈的果子，是從上帝的話而來的。

⑦ **權柄**（約翰福音16章24節）：奉耶穌的名求、禱告和得勝。

⑧ **時間**（詩篇37篇9節）：在禱告中等候上帝，直到祂賜平安。

⑨ **讚美**（詩篇23篇3節）：禱告著重讚美主，讚美就是將上帝當得的榮耀歸給祂。

⑩ **順服**（約翰一書3章22節）：唯有繼續順服上帝的旨意，禱告才會繼續蒙應允。

團體禱告，可以成為信徒一週生活中的潤滑油和休憩，只要愈參加、愈投入，就會愈喜樂。

禱告本身帶我們進入靈性最深和最高的工作裡面。真正的禱告具有創造生命和改變生命的力量。雖然在此列出一些方式和建議，但最重要的是「去做」，否則一切只是理論而已。只有去實踐的信徒，才會愈來愈成為一個禱告的人。

07

何謂信心的禱告？

◎雷顯威

　　「信心的禱告」就是深知主的同在，所以我們開口祈求，確信神垂聽，並且動工。這就是為何但以理的三名朋友，寧死也拒絕跪拜尼布甲尼撒王造的金像，因為三人相信神會搭救他們脫離險境；即便上帝未出手伸援，他們也不敢得罪神（參閱但以理書3章）。

　　同樣的，但以理也因為對神忠心持守禱告，即使被下放獅子坑，他也沒有任何畏懼或改變。其他諸如亞伯拉罕獻上以撒、約書亞率祭司抬約櫃跨越湍急的約旦河、烏鴉供養以利亞等上述事件，從理性邏輯分析，或人類經驗法則，都很難被接受。可是上帝的大能卻超越人的有限，成就了一切。

我願為你禱告

　　神賞賜給祂兒女（基督徒）寶貴的權柄，其中一項是「禱告」。基督徒禱告，若沒有信心，就是與空氣講話，徒然空空佩劍。

　　信心要如何建立？就是扎根在神的話語——《聖經》裡。因為相信神掌權，祂的話語不落空，所以敢將自己交託給祂，開始經歷這位無限的神如何與祂兒女同在，我們因而領受「靠著那加給我力量的，凡事都能做」（腓立比書4：13）神奇妙大能。

　　正因為有限的人，可以經歷神無限的能力，所以，但以理和他的友人，敢置死生於度外；亞伯拉罕敢獻上兒子以撒，因為他們以信心的眼睛超越了世界的現實。如同《聖經》所說：「信就是所望之事的實底，是未見之事的確據。」（希伯來書1章1節）

禱告語錄
當我們在祂的旨意裡憑信心禱告時，上帝會有所回應的。
——蓋時珍（Gene A. Getz）

何謂方言禱告？

◎雷顯威

根據保羅在〈哥林多前書〉12～14章的敘述，「方言禱告」具有以下特性：

①屬靈恩賜之一。

②人在靈裡的禱告（有別於悟性的禱告）。

③對神說話，而非對人。

④超越人的理性、意志、心思。

⑤僅能造就自己。

因為方言禱告是從神而來的屬靈恩賜之一，因此保羅並未反對基督徒使用方言禱告，但是鑑於哥林多教會似乎過於高舉看重方言禱告，而且渴慕追求，因此特別提出平衡教導，避免教會信徒可能因「見樹不見林」偏差，反而失去救恩真理。

保羅建議使用方言禱告，並且應與其他屬靈恩賜一樣，都要以愛為根基出發（參閱哥林多前書13章1－3節），如此禱告，才能造就教會、造就人；其次，方言禱告要能翻譯出來，讓聚會中其他肢體（信徒）也能明白方言禱告的內容，得能說「阿們」認同呼應。（哥林多前書14章16節）

保羅認為，方言禱告若無法翻譯，那無疑是「向空說話」（哥林多前書14章9節），既無助於教會，也難以造就人。在這樣前提下，保羅寧可信徒在教會中，用「悟性」說五句教導人的話，強如說萬句「方言」（哥林多前書14章19節）。也因此保羅在各種不同屬靈恩賜中，他教導信徒要羨慕「先知講道」恩賜，而非如哥林多教會看重的「方言禱告」。

正因為「方言禱告」是我們從靈裡與神相通，而非先藉由「悟性」思考、組織禱告的內容，然後才出口祈求，兩者相較之下，方言禱告更自由、釋放。但就如保羅所說，若僅止於個人密室而造就自己，尚可接受；但若在教會或公開場合，無法翻譯則不宜。

09
QUESTION

為什麼要禁食？
禁食禱告的目的為何？

◎胡子輝

　　有人會問：「單單禱告就好了，是嗎？」是的，單作禱告也可以，但禱告有很多種類、目的和方式。例如：謝飯禱告、感恩禱告、為病人禱告……。

　　民以食為天，禁食有違自然和常理，當我們要選擇禁食禱告時就需要決心和毅力。我們不應無知地禁食，也不該做表面功夫而禁食禱告。

　　在〈馬太福音〉第9章14、15節記載：「那時，施洗約翰的門徒來見耶穌，說：『我們和法利賽人常常禁食，祢的門徒倒不禁食，這是為什麼呢？』耶穌對他們說：『新郎還在婚宴的時候，賀喜的客人會悲傷嗎？當然不會。可是日子將到，新郎要從他們當中被帶走，那時候他們就要禁食了。』」

　　禁食禱告通常是有某個迫切需要，或為了某項重要議

題。禱告時的心態沉重，並且有哀傷的含意。譬如施洗約翰被下在監牢，他的門徒為他禁食禱告。耶穌仍然與門徒在一起時，祂的門徒不需要為祂禁食禱告。但當耶穌在客西馬尼園憂傷禱告的時候，祂要求門徒一起警醒禱告。之後，當耶穌被捕，門徒更應禁食禱告。

另外，在耶穌的教訓中亦提及：「你們禁食的時候，不可像那假冒為善的人，臉上帶著愁容，因為他們把臉弄得難看，故意叫人看出他們是禁食。我實在告訴你們：他們已經得了他們的賞賜。你禁食的時候，要梳頭洗臉，不叫人看出你禁食來，只叫你暗中的父看見。你父在暗中察看，必然報答你。」（馬太福音6章16－18節）

禁食禱告的好處：

①**先是為自己：**多出時間，可以專心，不必掛心吃喝。

②**精神與思想更集中：**因禁食的關係，血液不需要輸往消化系統，能使精神與思想更容易專注。

③**其次是為別人：**是愛心的表示。

④**最重要是為上帝：**向暗中察看的天父上帝傾訴，禁食表示我們看重與主溝通的時間，比食物更重要，因為人活著不是單靠食物（路加福音4章4節）。

10
QUESTION

什麼是抹油禱告？
為什麼會有抹油禱告？

◎胡子輝

　　《聖經》如此說：「你們中間有病了的呢，他就該請教會的長老來，他們可以奉主的名用油抹他，為他禱告。出於信心的祈禱要救那病人，主必叫他起來；他若犯了罪，也必蒙赦免。」（雅各書5章14、15節）

　　《聖經》又記載耶穌差派祂的門徒去傳道，其中包括抹油，「門徒就出去傳道，叫人悔改；又趕出許多的鬼，用油抹了許多病人，治好他們。」（馬可福音6章12、13節）

　　抹油禱告的油可使用橄欖油。《聖經》以橄欖油代表聖靈的充滿和臨在，並得聖靈的醫治。（參閱出埃及記27章20節，30

章24、25節;馬太福音25章4節)抹油禱告必須讓病人知道,是需要出自信心和悔改的心,相信上帝的慈愛和醫治的大能,並且願意過一個健康的生活。

抹油禱告是由病人提出,要求教會的長老或牧師為他們舉行。抹油禱告的牧師或長老把一點橄欖油放在手指尖,在禱告將近結束時,抹在病人的前額上,然後跪下為病人懇切禱告。通常這種禱告方式是為醫治疾病而行;不是為垂死的人祝福,表示辨察一個嚴重的肉體問題,在求取世人幫助之前,先交託上帝來應付。

11
QUESTION

要在特定的場所、時間，才能禱告嗎？

◎黃銀成

　　我們要如何跟神禱告？是用站著、坐著、跪著、或屈身禱告，哪種方式最好？我們的手應該向神張開、合攏還是高舉？我們禱告時，眼睛需要閉著嗎？在教堂還是戶外，哪裡禱告更好？我們應該在清晨起床後禱告，還是夜晚上床前禱告？在我們的禱告中有什麼特定的話要說嗎？我們如何開始禱告？結束禱告又該說什麼？以上這些都是有關禱告的常見問題。這些問題重要嗎？

事實上，禱告的正確方式就是向神表達我們的內心。坐著、站著或跪著；手張開或合攏；眼睛睜著或閉著；在教堂、家中或室外；在清晨或夜晚──這些都是次要的事，取決於個人的喜好、信念和適應情況。**神要的禱告是祂與我們之間一種真實且個人的關係**。所以，神應允我們的禱告並不是基於我們禱告時人在哪裡，身體是什麼姿勢，或禱告時說話的順序是什麼。

禱告無關在什麼時間或地點，只要是進入內室之中。內室就是禱告的地方，在那裡只有「主和我」──不受任何人的打擾，我可以盡情的向神傾心吐意。

我們都明白親近神的美好，也曾感受過那樣的甜蜜，只是在我們的生活中，總會面臨突然湧來的波浪，攪動內心，嚴重時甚至會打亂步調。有時沮喪的浪潮更會令人快要窒息、快被淹沒、想要放棄⋯⋯，這時候，更應該要立即禱告，把眼睛閉上，專心思想主，開口向神呼求，藉著禱告，隨時跟神連上線。

12
QUESTION

為自己禱告前，
必須要先為別人禱告嗎？

◎黃銀成

　　是否為自己或是別人禱告，並沒有定論，禱告就是承認自己需要「神」。如果擔心禱告的事項會漏掉，為保持讓自己的禱告平衡，建議可以考慮用「五指」的禱告法：

　　大姆指：最靠近自己，提醒我們要為最親近的人禱告──我們的家庭、親戚、朋友、同事、鄰居們。

　　食指：小時候老師習慣經常用食指指著我們，這提醒要為做教導者代禱──這正是教會裡的牧師、傳道人，因為這些人始終都是魔鬼最愛也最常攻擊的對象，理由很簡單：牧

人被攻擊，羊群自然會分散（所以要特別為他們的身心、婚姻、家庭、人際關係代禱）。

中指：它最長，代表著領袖（文武百官照相時總是坐在中間），《聖經》說要為君王和一切在位的禱告，所以中指提醒我們要為國際的領袖們，包括國家的總統、官員、民意代表，還有職場裡的主管代禱。

無名指：軟弱的無名指提醒我們要為老人、弱小族群、病痛者、貧困者（包括失業者）以及慕道者（因靈性仍在「吃奶」階段）代禱，祈求神和我們能作為他們隨時的幫助。

小指：小指乃是手的最後一隻指頭，表示我們當在神面前保持謙卑，它象徵著自我，要為自己的信仰和需要，仰望求告神。

為自己或為別人禱告都好，總之，禱告，就是與神面對面的說話，神所喜悅的禱告，是我們用誠實無偽的心陳明一切，而非形式的限制。

13

如何為他人代禱？

◎復臨教會全球總會傳道協會

很多時候他人在遇到困難和試煉時，會請我們為他們禱告，即所謂的「代禱」。《聖經》列舉了許多上帝忠心的僕人為他人代禱的事例，禱告所帶來的能力只有那些用心靈和誠實祈禱的人才能體會。

①彼此認罪，互相代求：

〈雅各書〉5章16節說：「所以你們要彼此認罪，互相代求，使你們可以得醫治。 義人祈禱所發的力量是大有功效的。」

46

②為親戚朋友祈禱：

「但願凡欲為上帝作工的人，都從近處著手，先在自己的本家、在左鄰右舍、在親戚朋友間工作，他們會發現這些地方是一個良好的佈道園地。」（摘自《教會證言》卷六，英文版第428頁）

「在私下的禱告中，各人有特權要禱告多長就多長，也可隨心所欲反覆陳辭。他們可以為自己的親戚朋友代禱。」（摘自《教會證言》卷二，英文版第578頁）

③為灰心絕望的人祈禱：

「有許多人陷於絕望之境，務要讓陽光重照在他們身上。許多人已經喪失勇氣，當對他們說鼓勵的話，為他們禱告。」（《埋藏的財寶》第134頁，2009年版）

④為心靈受傷害的人祈禱：

「當約伯不僅為自己祈求，而且為那些反對他的人祈求時，上帝減輕了約伯的苦難。當他迫切地渴望那些反對他的

人能得到幫助時，他自己得到了幫助。讓我們不僅為自己禱告，而且要為那些曾傷害過我們的人和正在傷害我們的人禱告。要不斷地祈禱，特別要在心裡祈禱。不要讓主休息，當我們的心在祂面前謙卑時，祂的耳就敞開垂聽真誠持久的祈禱。」（摘自《基督復臨安息日會參考文庫‧聖經註釋》第三卷，英文版第1141頁）

⑤**為他人的生命得救祈禱：**

「得救的子民也要分享這快樂，因為他們要見到在這些蒙福的人中，有一些是由於他們的禱告、勞苦和仁愛的犧牲而歸向基督的。」（《善惡之爭》第670頁，2003年版）

「上帝已應許要賜智慧給那些憑信心祈求的人，祂必成就祂所應許的。祂喜悅我們對祂的話有信心。奧古斯丁的母親為她兒子的改變而祈禱。她沒有看到上帝的靈已降在她兒子身上的任何憑據，但她不灰心。她手指著《聖經》經文，把上帝的話陳明在上帝面前，用一種只有母親才能做到的方式懇求。她的謙卑、她的懇切強求、她毫不動搖的信心得了

勝，上帝賜給她心裡所渴望的。今天，上帝也同樣隨時垂聽祂兒女的懇求。」（摘自《教會證言》卷五，英文版，第322、323頁）

14

如何才是正確的祈禱態度，而不是妄求？

◎溥又新

　　以《聖經》的教導來看，合宜的祈禱在於祈禱者內心的想法，而非外在的祈禱形式。**合宜的禱告不存在為滿足自己私欲**，希臘文κακως原意為錯誤的、不當的。故從雅各的解釋而言，「妄求」所指的是人為滿足內心或是物質的欲望，透過祈禱希望上帝能夠成全人的所求。

　　在眾多祈禱中，「妄求」是不合宜的祈禱之一，並非上帝不喜悅，而是如果順服自己欲望所妄求得到的東西，有可能無法幫助我們更快樂，相反的，很有可能會傷害自己。就算得到所求的之後，最終也會被浪費在自己的享樂之中。雅

各說明了這個道理（參閱雅各書4章1－4節），此外，我們也可以從先知巴蘭為貪得摩押王巴勒的饋贈而求告上帝的允許，最終得不到一分一毫，反倒三次祝福以色列民，並且死於刀劍之下。

祈禱的內容可以包羅萬象，並沒有一定的形式。祈禱可以如詩歌般的呈現，例如：〈詩篇〉23篇大衛的詩歌；也可以如與密友同在，傾訴自己的心聲，例如：以諾凡事順服上帝，在世時上帝與他同行；危難中也可呼求祂的幫助，例如：彼得沉湖之際最短的禱文：「主啊，救我！」甚至上帝也允許我們帶著情緒或悲痛向祂祈禱，正如約伯受災之際。

上帝傾聽每一個與祂溝通的人，同時也能同理他的情感，因為上帝是擁有慈悲形象的上帝。

禱告語錄
一切偉大的復興運動，無不起自肯跪下禱告的人。
——慕迪（D. L. Moody）

15
QUESTION

如何知道我的禱告
是蒙主喜悅的？

◎溥又新

　　只要您願意禱告，都會蒙主所喜悅。您可以把上帝當成摯友，透過禱告，將發生在您自身周遭的事物與祂分享，祂必傾聽並同理您的感受，並回應您的喜悅。您可將上帝當成是慈母，每當發生在您身上不好的事情，讓祂感受到您的難過與委屈，而祂將回應您溫暖與慈愛。當然您也可以將上帝當成是垃圾桶，在您憤怒、不滿的時候，您可以向祂訴說，祂將回應您難過及安慰。同樣的，當您危急之時，向祂簡短且有力的懇求時，祂將成為您有力的臂膀及力量，帶領您離開凶險之處。

　　上帝創造人的時候，給了人許多不同的情緒，藉著情緒，讓您能夠感受到周遭每一個人的心情故事。若您能夠感受到當亞當與夏娃喪失兒子亞伯時的悲傷，就能夠感受到白髮人送黑髮人的悲痛。若您能夠感受亞伯拉罕與上帝爭辯所多瑪、蛾摩拉（罪惡之城）的未來命運，那種著急與不捨時，就能夠體會為什麼許多傳道人努力地在世界各地傳福音，就是為了能多救一人的靈魂。同樣的，當您看到《聖經》中浪子回頭的故事時，也就能體會上帝就像那位期盼您回到祂懷中的慈祥老父親。

　　上帝非常珍視您我的禱告，因為在祂眼裡，您就是祂的寶貝；在祂懷中，您就是祂的兒女，所以請您放心向祂禱告，無論您禱告什麼，上帝必會垂聽。

禱告語錄
你若沒有特別劃出時間來禱告，
你就永遠沒有時間來禱告。
　　　　　　　　——倪柝聲

16

神為什麼不回應
我們的禱告？

◎溥又新

當您向上帝禱告時，會因感受不到上帝的回應而深感挫折嗎？請您放心，您禱告中的每一字、每一句，以及您的心思意念，上帝都仔細的傾聽了。但是上帝該如何回應或是應許您呢？也許祂不一定會以您的想法來回應或應許您，因為——祂有更好的方法。

舉例來說，病友會專注在自己的病痛上，然而好的醫師會找出造成病痛的病灶，並加以治療。也就是說，病友的感受是在病痛上的表徵，所以只希望能夠止住疼痛，但醫師是

要找出病因，並且根除病灶，使病痛完全醫治。所以上帝早已回應了您的禱告，祂不只是要解除您一時的問題，祂還要完全的為您根除造成問題的背後原因。

在《聖經》〈創世記〉中的約瑟，經歷了許多災難，相信他也曾不斷的呼求上帝救他脫離奴隸及牢獄之災。他經過了13年的苦難，總算從牢裡出來，並且一出來就受到法老的重視。原因是上帝看到約瑟的病根在於「個人的驕傲」，試想若是一個不懂世事又高傲的年輕人，如何能夠被法老所重用，成為一人之下，全國之上的宰相呢？又如何能領導以色列人從七年的嚴重災荒走入埃及得以生存呢？（參閱創世記37～50章）

同樣的，**上帝必然回應您的禱告，不過不是依著您的想法回應，而是依著祂更好的方法回應及應許您。**就像約瑟苦求了13年，結果上帝所應許他的比他所想像的還多得多。

17

只有基督徒的禱告，
神才會垂聽嗎？

◎吳偉進

禱告想要蒙神垂聽，是要符合神的旨意，並按照神的
旨意祈求，因為神看人的內心，而非單看敬虔的外貌。耶穌
說：「你們禱告的時侯，不可像那假冒為善的人，愛站在會
堂裡和十字路口上禱告，故意叫人看見。」（馬太福音6章5節）

故意叫人看見的禱告，其目的是要讓人稱讚他的虔誠熱
心，這種禱告不會蒙神悅納。

耶穌繼續說：「你禱告的時候，要進你的內屋，關上
門，禱告你在暗中的父；你父在暗中察看，必然報答你。」
（馬太福音6章6節）

敬虔的外貌必須由內心的虔誠發出，表裡一致，才具有

真正的價值。這種虔誠正如《聖經》所說的,「行事為人是憑著信心,不是憑著眼見。」(哥林多後書5章7節)真正的虔誠會讓我們更願意親近神,更熱衷於禱告。**禱告是與神交流,是一種甜蜜的經驗,但也是屬靈的爭戰**,你若要所求的能蒙神垂聽,就需要奮力懇求,因為連我們的救主耶穌基督也沒有例外,祂「大聲哀哭,流淚禱告……就因祂的虔誠蒙了應允」(希伯來書5章7節)。

所以,神並不是因為你是基督徒就一定垂聽你的禱告,祂看的是你的內心。

禱告語錄

我不敢禱告求上帝來站在我這邊,但我禱告上帝讓我站在祂那一邊。只要和上帝站在同一邊,必能得勝。

——林肯(Abraham Lincoln)

18
QUESTION

非基督徒
也可以禱告嗎？

◎吳偉進

　　我們所信的神，是真理的所在，也是力量的源頭。祂光照好人也光照壞人；祂看顧基督徒也看顧非基督徒。祂是全人類心靈的歸依。無論是基督徒或非基督徒，都可以把自己的需要求告上帝，只要開口奉耶穌之名祈求，就能與那位創造者上帝相連結。沒有任何事物可以攔阻一位禱告者與神的溝通。

　　對於不信的人，包括非基督徒在內，我們應該採取包容及接納的態度，用愛心忍耐將真理教導他們。耶穌基督在世時，說了一個比喻：「有兩個人上殿裡去禱告，一個是法利賽人，一個是稅吏。法利賽人站著，自言自語的禱告說：

『上帝啊,我感謝祢,我不像別人勒索、不義、姦淫,也不像這個稅吏。』那稅吏遠遠地站著,連舉目望天也不敢,只捶著胸說:『上帝啊,開恩可憐我這個罪人!』」（路加福音18章10－14節）

這段經文告訴我們,**我們以禱告來到神的面前,是藉著謙卑和誠實,而非驕傲和自以為義。**一個非基督徒若能敞開心門,以悔改認罪的心求告上帝,祂必垂聽。

「凡求告耶和華的,就是誠心求告祂的,耶和華便與他們相近。敬畏祂的,祂必成就他們的心願,也必聽他們的呼求,拯救他們。」（詩篇145篇18、19節）

19
QUESTION

如何使用《聖經》的話語來禱告？

◎崔昌鉉（Choi Chang Hyun）／周麗娟　譯

《聖經》裡處處可見神的應許。

在《聖經》裡有許多美好的例子，顯明耶穌如何運用神的話語：祂戰勝撒但的誘惑、祂全神貫注在傳道目標上，以及祂滿足人類的需求。

因此，當我們禱告時，只要運用《聖經》，就可以非常安全且成功地跟隨耶穌的腳步，領受到來自上頭的答案。

首先，我們必須每天讀經，才能向世人宣告那在《聖經》裡所彰顯的上帝能力。那活生生的上帝在今天仍然向祂的子民持守祂所許下的承諾。如果我們緊緊抓住《聖經》的信息，天父就必聆聽，並且像祂過去所行的一樣，實現祂的諾言。

我們需要引用經文，並在我們的禱告中運用我們所引用的經文。如果我們才剛要開始練習禱告，那麼，將我們所要禱告的內容寫下來，會較熟記也較容易。以這種方式練習，禱告者就能很清楚地避免不斷重覆字句或模糊不清。而大聲地唸出所寫下的筆記，也有助於我們能流利地說出我們的禱告，且更貼近上帝的心意。

下一步，**根據不同的主題將所要禱告的信息作個整理分類**。例如：我們可以按照「我的需要」、「寬恕」、「平安」、「上帝的旨意」、「面對鄰居」和其他主題等，將禱告分成幾個單元。

最後，我們需要以禱告向我們所愛的天父敞開我們的心門。禱告是我們與上帝的對話。因此，在祂面前不要有任何隱藏，包括我們的情緒在內。〈馬太福音〉5章8節說：「清心的人有福了！因為他們必得見上帝。」這句話的意思是，你必須對祂誠實。《聖經》從來不會隱藏那些英雄的黑暗面，他們也都是罪人，然而，他們懂得信靠上帝的應許。今天你就可以應用《聖經》信息裡的應許，開始禱告！

How to pray with the words in the Bible?

The Bible is full of promises.

Jesus showed a lot of wonderful examples how he used the Word of God: to overcome the temptations of Satan, to focus on the purpose of His ministry and to meet the needs of the humanity.

Therefore it is very safe and successful to follow Jesus in His using the Scriptures when we have to pray. Then we surely receive the answer from above.

One must read the Bible daily in order to claim the power of God, who showed in the Holy Write. Our living God can still keep the promises for His people today. If they cling to the biblical passages, Father in heaven will listen and do the same just like He did in the past.

Then one needs to quote from the Bible, and make a sentence in his/her prayer using that phrase. It is better and easier to write down when one is a beginner or new comer. In this way, the prayer will be very clear avoiding any repetition or babbling. Reading out loud the note helps to be fluent in prayer and to be closer to God.

Next step is to sort out the prayer passages according to the topic. For instance, one may make several sections like 'My needs', 'Forgiveness', 'Peace in heart', 'Will of God', 'Dealing with neighbors' and many more.

Finally, one should open his/her mind to our loving Father in prayer. Prayer is the conversation with the Lord. Therefore do not hide anything including one's emotion before God. Matthew 5:8 says that "Blessed are the pure in heart, for they will see God." It means that you need to be honest. The Bible does not hide the dark side of the heroes. They were all sinners, however they trusted the promises of God. You may start your prayer today using the promises of the biblical passages.

禱告語錄
主禱文是神所賜的最大禮物，是禱告中的禱告，也是禱告的入門。
——馬丁路德（Martin Luther）

20
QUESTION

禱告的態度與禱告
時間長短有關係嗎？

◎崔昌鉉（Choi Chang Hyun）／周麗娟　譯

　　禱告是天父和祂兒女之間的對話。它不是自言自語，也不是獨白。如果你的禱告是真誠的，時間的長短並不會受到任何限制，尤其是當你與上帝有很親密的關係時，更是如此。其實，**禱告的態度就是你每天與上帝對話的態度。如果你越愛天父，你就越想要跟祂說話**。因此，對於一位用愛來向祂禱告的人來說，時間的長短是沒有意義的。舉例來說，雅各因為深愛拉結，就視為拉結的父親工作的那七年如同數天。親密的禱告能使你與天父緊密連結，因為在這段禱告的甜蜜時光中，你能更親近祂。

　　基督徒也會為自己的需求而向天父祈求。你或許也是會不斷禱告，直到你獲得上帝的答覆為止。在這種情況下，你

可能還花了更多的時間來向上帝祈求你所想要的。在我們看來，時間看似過得非常慢，然而**上帝已經預備好祂的答案，不論你向祂請求的時間有多長**。在祂的時間表中，每件事都已設定好它的時間，然而你並沒有感受到它的存在，只是厭倦了等待祂的回答。所以《聖經》說：「愛是恆久忍耐，又有恩慈。」（哥林多前書13章4節）當我們有了困難或麻煩時，我們會來到天父的面前，因為祂是唯一一位能解決問題的人。所以你要不斷地禱告，直到你了解上帝是與你同在的，然後你就能經歷到耶穌在〈約翰福音〉14章27節中所提到的平安。

　　當有人在牧師證道前帶領大家禱告時，他就必須考量到時間的長短、使用的詞彙、禱告的流暢度等等，因為他不能讓孩童或新來的人覺得禱告是很無趣的，它必須是簡短、清楚。所以，當你有家庭聚會時，要使用孩童所能聽懂的詞彙。不要過於誇大你的禱告。有時候你需要將禱告詞寫下來，它可幫助你專注在你的禱告中，並使禱告內容簡短但具有意義。

　　總之，禱告的時間長短需視你所處的情況而定。

In terms of prayer, how does the attitude involve with the length of time?

Prayer is a conversation between the Father and His sons and daughters. It is not a monologue nor soliloquy. If it is true, there is no limit to the duration of your prayer. Especially you have close relation with the Lord. The attitude of prayer is something to do with our everyday conversations. The more you love the Father, the more you want to talk with Him. Therefore the time or duration is meaningless for the one who prays in love. For instance, Jacob felt the seven years like only a few days because of his lover for Rachel. The intimate prayer links you to the heavenly Father. During this sweet hour of prayer, you can get closer to Him.

Christians also ask God for their needs. One may want to pray until he/she receives the answer. In this case, you may spend more time to petition for the matter. Time seems very slow, however God has already prepared the answer regardless of our time. In His clock, everything is set on time, but we don't feel it, tired of waiting the answer. Therefore the

Bible says that "love is patient, love is kind"(1 Cor 13:4). Having problems and difficulties, you have to go to the Father, for He is the only One who can solve them. Pray until you realize that God is with you. Then you will experience the peace that Jesus promised in John 14:27.

When one needs to lead the pastoral prayer before the sermon, he/ she considers the time as well as the vocabulary and flows in prayer. It must not be long so as to make children or new comers think the prayer is boring. It should be brief and clear. When you have the family worship, use the language that children speak. Do not exaggerate the prayer. Sometimes you need to write down your prayer. It helps to concentrate on the prayer and to make a short, but meaningful prayer.

Time must be considered in the situation that you pray.

禱告語錄

禱告不像數字，不管它有多少；禱告不像詩詞，不管它有多美；禱告不像幾何，不管它有多長；禱告不像音樂，不管它有多動聽；禱告不像邏輯，不管它有多系統。

神也不計較我們用什麼方法，或在什麼場合禱告；祂要看的，是我禱告時心裡是不是逼切火熱，為著祂的國和祂的義而呼求。

———羅威廉（William Law）

Part Ⅱ
我要為你禱告

58篇代禱文，讓你為所愛的人禱告

況且，我們的軟弱有聖靈幫助；
我們本不曉得當怎樣禱告，
只是聖靈親自用說不出來的歎息替我們禱告。

鑒察人心的，曉得聖靈的意思，
因為聖靈照上帝的旨意替聖徒祈求。

我們曉得萬事都互相效力，
叫愛上帝的人得益處，
就是按祂旨意被召的人。

——羅馬書8章26－28節

01
PRAYER
為公司的願景／
目標禱告

◎林宏修

親愛的天父：

　　我們是何等的不配，祢竟使用我們成為祢的器皿，求主讓公司所有的成員有屬天的異象、有願景。《聖經》記載說：「你求告我，我就應允你，並將你所不知道、又大又難的事指示你。」（耶利米書33章3節）。願祢將異象指示我們，使我們所做的工作能承先啟後，在各世代皆有突破性的影響力，並所做的事務能榮耀神的聖名，且能有利於人群。在此將公司成為祭壇全然獻上，主權交託給神，願聖靈全然澆灌同在！

　　奉大祭司主耶穌之名求，阿們。

◈◈◈我要為＿＿＿＿禱告◈◈◈

聖經應許
你們要先求祂的國和祂的義，這些東西
都要加給你們了。

——馬太福音6章33節

02
PRAYER

為公司的
管理部門禱告

◎黃暉庭

親愛的天父：

感謝祢，使我成為○○○公司的一員，感謝祢的帶領，使公司營運日益昌盛。

天父，祢知道管理部門在公司的角色，正如牧羊人與羊群的關係。在平順時，他們籌畫帶領公司全體朝著目標向前；在困境時，則竭盡心力保護公司，在險境中安然度過。

願天父特別賜福管理部門的同仁們，教導他們成為牧羊人，帶領著我們到可安歇的水邊享平安。

禱告祈求是奉主耶穌基督的名，阿們！

∽∾我要為＿＿＿＿＿禱告∽∾

聖經應許

耶和華是我的牧者，我必不致缺乏。祂
使我躺臥在青草地上，領我在可安歇的
水邊。祂使我的靈魂甦醒，為自己的名
引導我走義路。

——詩篇23篇1－3節

73

03
PRAYER

為公司的
行銷企劃部門禱告

◎陳淑珍

親愛的天父：

感謝讚美祢，為著整個公司的營運仰望祢！也為著行銷企劃部團隊感謝祢，求主賜下智慧、謀略在整個行銷企劃部門當中，讓部門所做的每一個企劃案極具有創意，並使每位在企劃部工作的伙伴們能認識祢、信靠祢，並懂得尋求祢，且願意把每一天的工作主權交給祢。願神的靈澆灌下來，喜樂的油膏抹在每一個工作者身上，工作氛圍有從神而來的喜樂，成為他們的力量，不計較、不比較，同心合一地達成公司的目標。

懇求主在企劃部掌權，使每一位工作伙伴，都能謙卑、順服、負責、努力做好自己的本分。每天工作以仰望禱告為開始，滿心相信神所應許的必然成就。上帝能照著運行在我們心裡的大力，充充足足地成就一切，超過我們所求所想的。

奉耶穌基督得勝的名禱告，阿們！

我要為_____禱告

為公司的
人力資源部門禱告

◎黃暉庭

親愛的天父：

感謝祢的選召，並激發人力資源部門，願意接納我，成為○○○公司的一員。

天父，祢知道公司是由人所組織而成的，正如耶穌為宣揚福音選召門徒們。人力資源部門為公司的發展，找尋合適人選、教育鼓勵同仁進修、營造融洽工作環境以留住同仁。願主特別賜福他們有一顆耶穌的心，凝聚並教導同仁們，一起為公司的理念共同努力。

禱告祈求是奉主耶穌基督的名，阿們！

我願為你禱告

꧁ 我要為＿＿＿＿＿禱告 ꧂

聖經應許
耶穌對他們說：「來跟從我，我要叫你們得人如得魚一樣。」

——馬太福音4章19節

05
PRAYER

為公司的
研發部門禱告

◎編輯部

創造宇宙萬物的天父上帝：

　　謝謝祢按著祢的形象與樣式造人，更把創意放在人裡頭，使我們激發出新點子、新構想。

　　我們知道「耶和華賜人智慧；知識和聰明都由祂口而出。」願我們有從祢而來的聰明智慧，幫助我們在工作職場上，榮耀祢的名，為祢發光。

　　我們知道研究及開發新的產品，需要團隊一起腦力激盪，通力合作，求祢賜下合一的靈，讓研發部門的每一位同仁，都能不計較個人的利益得失，能無私的為團隊、為公司付出。

　　當遭受來自其他競爭對手的不當誘惑時，幫助研發部門的同仁能勝過這個試探，使我們「不從惡人的計謀，不站罪人的道路，不坐褻慢人的座位」，成為祢心清手潔的兒女。

　　謝謝祢垂聽我們的禱告，奉耶穌基督的名求，阿們！

我要為＿＿＿＿＿禱告

聖經應許

耶和華啊，謙卑人的心願，祢早已知道。祢必預備他們的心，也必側耳聽他們的祈求。

——詩篇10篇17節

06

為公司的
財務部門禱告

◎黃暉庭

親愛的天父：

感謝祢，無時無刻教導我們成為好管家。

天父，祢知道若缺乏資金的流動，公司的營運將陷入停頓甚至倒閉。祈求祢親自教導財務部門的同仁們，成為好管家，讓有限資金能夠發揮最大的果效，使公司營運因此蒸蒸日上。

願主特別賜福財務部門的同仁們，身心靈康健，使公司財務的運作，如血液在血管中，穩定快速的成長。

禱告祈求是奉主耶穌基督的名，阿們！

我要為＿＿＿＿＿禱告

聖經應許

你要以財物和一切初熟的土產尊榮耶和華。這樣，你的倉房必充滿有餘；你的酒醡有新酒盈溢。

——箴言3章9、10節

07 PRAYER
為部屬禱告

◎劉仁源

親愛的天父：

　　謝謝耶穌來到世上，給我們留下最完美的榜樣。

　　當我們同在一起工作時，雖然職分不同，但每個人都有其獨特的功能及責任。天父，幫助我們彼此尊重，彼此扶持，看他人比自己強。

　　當面對與我們一起奮鬥的同仁，讓我們用愛心說誠實話。也特別賜福我們每一位職工，都是「敬畏耶和華的，大有倚靠」。

　　讓我們握著您的應許：「得智慧，得聰明的，這人便為有福。」願您將這福氣，滿滿的賜給凡是親近您的同仁。

　　禱告祈求都是奉主耶穌基督的名，阿們！

◦⟋⟋⟋⟍⟍⟍ 我要為＿＿＿＿禱告 ⟋⟋⟋⟍⟍⟍◦

聖經應許
敬畏耶和華的，大有倚靠；
他的兒女也有避難所。
——箴言14章26節

08 PRAYER
為同事禱告

◎林宏修

主啊！

《聖經》上說：「凡事謙虛、溫柔、忍耐，用愛心互相寬容，用和平彼此聯絡，竭立保守聖靈所賜合而為一的心。」（以弗所書4章2、3節）

是的，主！請賜下合一的靈，幫助我們在職場中與同事的合作與相處，能有從祢而來的智慧。讓我們不看自己別比人強，而能成為彼此幫補的好夥伴。

我要為我的同事○○○禱告，願祢按著祢的慈愛，恩待他（她）一切所需，不管是在工作或家庭生活各方面，主啊！

請祢充充足足的供應他（她）。使他（她）在工作職場上，擁有工作熱情與成就感、創造良好的人際關係，完成主管託付的工作，也贏得客戶的信任。

謝謝主垂聽我們的禱告，奉主耶穌基督的名求，阿們！

我要為_____禱告

聖經應許
若一個肢體受苦，所有的肢體就一同受苦；若一個肢體得榮耀，所有的肢體就一同快樂。
——哥林多前書12章26節

09
PRAYER

為主管禱告

◎劉仁源

親愛的天父：

　　您是我們生命的主，也是我們公司的主，更是安排萬事的主，謝謝您！

　　當我們在您面前敞開心懷，願您鑒察。

　　謝謝您讓我們可以在一起，在不同的職分上，完成手中的工作。

　　謝謝您安排〇〇〇（主管姓名）在我們當中帶領我們。

　　親愛的天父，您知道萬事，也知道我們的需要。願您特別祝福〇〇〇，使他（她）有天上的智慧帶領團隊，賜他（她）

身體健康，也賜下對正義堅持的心，賜給他（她）適當的言語，正確的表達每一個工作的指派，同時也加添更多的溫柔及愛心。

當面對不順遂的時候，求主使我們都可以一起尋求您的美意。

我們特別把我們的主管○○○以禱告交託給您，奉主耶穌基督的名祈求，阿們！

我要為＿＿＿＿＿禱告

10
PRAYER

為新進員工禱告

◎劉仁源

親愛的天父：

　　我們為每一個新的日子向您感恩，我們將每一個新的機會交託給您。

　　今天我們特別謝謝您，因為您帶領○○○（新進員工姓名）來到我們當中，成為我們在職場中的一分子，讓新的力量注入在這工作中。

　　天父，我們雖然已經在此工作一段時間，但這不表示我們已經足夠或是完全的。藉著一位新同事的來到，也是我們自省的時候，讓我們靠主的扶持，成為新人的榜樣。

也懇求您特別扶持○○○，讓他（她）在這新的環境中，
很快的適應工作作息，同時，有能力如期完成手中的工作。
求主賜他（她）健康的身心靈，在此地方工作，有滿滿的喜樂
與能力。

謝謝主垂允我們的祈求，禱告都是奉主耶穌基督的名
求，阿們！

我要為_____禱告

11
PRAYER

為曾任職的員工禱告

感謝神！

　　讓我們公司已經成立20年，在這些日子當中，有許多的同事曾經與我們一起努力。特別紀念現在已經不在我們當中的同事，不論最後離職的原因是什麼，若曾有傷害，求主用祢完全的愛補足，並醫治這些有心或無心的過錯，並且赦免我們，也光照我們不再犯相同的錯誤。

　　同時，我們也要祝福他們，在新的職場、新的工作，能發揮所長，為自己的職涯寫下精彩的一頁。

　　最後，祈求所有曾經在我們公司任職過的員工們，能得著祢所賜永恆的祝福。

　　禱告奉主聖名，阿們！

我要為＿＿＿＿禱告

聖經應許

我們若彼此相愛，上帝就住在我們
裡面，愛祂的心在我們裡面得以完
全了。

——約翰一書4章12節

12

為即將退休員工禱告

◎黃暉庭

親愛的天父：

感謝祢，如好友般的與我們同行，並與我們共同分享人生。

天父，祢知道同仁○○○即將退休，對公司而言，他（她）的退休帶來的不捨之情，正如耶穌升天時，與門徒們話別的景況。

這是上帝的恩典，雖然他（她）將由工作崗位上退休下來，但神還是繼續使用他（她）作您的器皿。

願父神常與○○○同在，幫助他（她）規劃未來的日子，並經歷豐富的退休生活。一切榮耀都歸給愛我們的主。

禱告祈求是奉主耶穌基督的名，阿們！

∽∾ 我要為＿＿＿＿＿禱告 ∽∾

聖經應許

那美好的仗我已經打過了，當跑的
路我已經跑盡了，所信的道我已經
守住了。從此以後，有公義的冠冕
為我存留，就是按公義審判的主到
了那日要賜給我的；不但賜給我，
也賜給凡愛慕祂顯現的人。

——提摩太後書4章7、8節

13
PRAYER

為留職停薪的員工禱告

◎劉仁源

親愛的天父：

我們屈膝在您面前，承認您是我們人生的主宰，面對生命及生活的未知，我們完全倚靠您。

同仁○○○因為生涯的規劃，所以要暫時離開目前的職位。親愛的天父，我們相信萬事都是互相效力，叫愛您的人在其中得到最大的益處。雖然，我們面臨職場上短暫的分離，但我們相信主的恩典繼續與我們同在，讓我們無論在任何地方，都堅守我們對您的信仰。

求主特別祝福○○○，在他（她）生涯的另一階段中，都

有您滿滿的祝福，在順境時，賜他（她）讚美的口；在遭受波折時，賜他（她）永不退後的信心。在未來的日子，願您的平安天天與他（她）同在。

天父上帝，我們仰望您的日子來到，我們更懇求您保守我們直到那日來臨。

禱告奉靠主耶穌基督的名祈求，阿們！

我要為_____禱告

14
PRAYER
開會禱告

◎劉仁源

我們在天上的父：

　　謝謝您賜我們能在安排的職分中與您同工，謝謝您使我們今天在此聚集召開會議，為了同心完成您所託付的工作。

　　天父，我們的智慧有限，能力也有限，所以現在我們將自己如同獻上「五餅二魚」的孩童一樣來仰望您，並將會議交託在您的手中。天父，願您開我們的口，使我們誠實說出心中的意念，也打開我們的心，使我們學習接納不同的聲音，賜下天上的智慧以及合一的靈，使今天的會議有您的祝福，結果能符合您的心意，更使您的名得到榮耀！

　　謝謝您垂聽我們的禱告，奉耶穌基督的名祈求，阿們！

我要為＿＿＿＿＿＿禱告

聖經應許

當將你的事交託耶和華，並倚靠祂，祂就必成全。

——詩篇37篇5節

15
PRAYER

散會禱告

◎劉仁源

親愛的天父：

謝謝您保守我們的會議順利地完成。

在今天的會議中，凡是參與分享討論或是發言的，願您旨意在其中成全。若在過程中，有使聖靈擔憂的，願主憐憫施恩。也懇求主賜給我們都有寬大的心，讓今天會議所通過的事項內容，因著我們的合一而榮耀您的名。

天父，剛才會議討論中，有些部分，我們還需要主繼續的扶持，願您賜下天上的智慧，給我們一顆清晰領悟的心，使我們將一些未成的事物，繼續仰望交託在您的手中。

現在我們要結束這次的會議，回到自己的工作崗位，願主保守我們都忠心服事。

謝謝主垂聽我們的祈禱，也應許成就您的旨意，禱告都是奉主耶穌基督的名祈求，阿們！

我要為＿＿＿＿＿禱告

16
PRAYER

為客戶禱告

◎尹可名

親愛的天父：

感謝祢保守我所從事的工作，賜給我一顆不是膽怯的心，乃是剛強、仁愛、謹守的心，來榮耀祢的名。

更祈求主保守我經手服務的客戶，好叫他們認識祢，凡事蒙祢喜悅，在一切善事上結果子，漸漸的知道祢名，投靠在祢翅膀蔭下；也願神的靈充滿他們，使他們有智慧、聰明、知識，能做各樣的工，顯出祢榮耀的權能，得以在各樣的事上力上加力，行事為人對得起主。

奉主耶穌基督的聖名祈求禱告，阿們！

我要為＿＿＿＿＿＿禱告

凡以感謝獻上為祭的便是榮耀
我；那按正路而行的，我必使
他得著我的救恩。

——詩篇50篇23節

17
PRAYER
為廠商禱告

◎尹可名

親愛的天父：

　　感謝祢保守我在職場的事奉，讓我在工作的時時刻刻都能仰望祢，我願把我的一切事情託付予祢，來榮耀祢的名。

　　親愛的主，我祈求祢帶領我在事業上往來的廠商，好叫他們在事業上都行正直路，不走彎曲的道路，在財務行事上無虧良心，願意凡事按正道而行。更祈求主恩待他們，當疲乏時，祢賜能力；軟弱時，祢加力量。更願我所有往來的廠商們在各樣的事上感受到有神同在，最終都能認識主，得著上好的福分。

　　感謝祢垂聽我的禱告，奉主耶穌基督的聖名祈求禱告，阿們！

我願為你禱告

我要為＿＿＿＿＿禱告

聖經應許

你們眾民當時時倚靠祂，在祂
面前傾心吐意；上帝是我們的
避難所。

——詩 篇62篇8節

18
PRAYER

為父母禱告

◎雷顯威

親愛的主耶穌：

謝謝祢在我們屬世的歲月中，賞賜父母陪伴，帶領我們生命的成長。藉由父母的教導，開啟子女認識世界的第一扇門；更美的是，也藉由父母傳承，引導我們認識上帝的恩典。

主啊！求祢賜福全天下的父母，讓他們謹守祢的話語，在每一個家庭，善盡屬靈好管家的職分，帶領家人、後代子女成為「榮神益人」的美好見證。

主啊！也求祢帶領為人子女者，「當孝敬父母，使你的日子在耶和華——你上帝所賜你的地上得以長久」，不僅蒙

神悅納得長壽賜福，也成為父母最大的安慰。

　　主啊！若是我的父母還不認識祢，求聖靈動工，帶領我的父親〇〇〇、母親〇〇〇，成為祢的兒女，一生蒙祢保守、賜福。

　　奉主耶穌基督的聖名祈求，阿們。

　　　　　　我要為＿＿＿＿禱告

聖經應許
當孝敬父母，使你的日子在耶和華——你上帝所賜你的地上得以長久。

——出埃及記20章12節

19
PRAYER

為丈夫禱告

◎雷顯威

親愛的主耶穌：

《聖經》教導「丈夫是妻子的頭，如同基督是教會的頭」；「你們作丈夫的，要愛你們的妻子，正如基督愛教會，為教會捨己。」主啊！求聖靈動工，保守所有為人丈夫者，忠心做好家庭屬靈權柄的託付，在上帝帶領下，偕同妻子建造合神心意的基督化家庭。

主啊！也求祢賞賜給每位丈夫，從祢而來的愛，帶領他們愛妻子，如同愛自己的身子一樣。

主啊！我奉祢的名，為我的丈夫〇〇〇禱告，祈求我的丈夫〇〇〇，每天在祢帶領，藉著神聖靈與神話語的更新，使他成為敬虔愛神的人，成為家庭美好見證的榜樣。

這樣禱告，是奉我主耶穌基督的聖名祈求，阿們。

⟡⟡⟡ 我要為＿＿＿＿禱告 ⟡⟡⟡

聖經應許
祢的話是我腳前的燈，是我路上的光。

——詩篇119篇105節

107

20
PRAYER

為妻子禱告

◎雷顯威

親愛的主耶穌：

　　求祢帶領每一位妻子，明白祢在她們身上的心意，使妻子成為丈夫的陪伴與幫助，讓丈夫「心裡倚靠她，必不缺少利益」；妻子在家庭的事奉，連兒女也起來稱讚。

　　主啊！因「丈夫是妻子的頭，如同基督是教會的頭」，求祢帶領作妻子的，學習教會怎樣順服基督，妻子也要怎樣凡事順服自己的丈夫，如同順服主一樣。讓妻子可以與丈夫同心合意搭配，藉著神的話語與聖靈的引導，帶領全家事奉主，並教育下一代認識神，成為敬虔的後裔，使全家成為合祢心意的器皿。

主啊！我奉祢的名，為我的妻子○○○禱告，祈求我的妻子○○○，每天在祢帶領下，活出祢的心意，藉著她的事奉，使我們這個家庭討祢喜悅，成為美好見證。

我們這樣禱告，奉主耶穌基督聖名祈求，阿們。

──◎◎ 我要為_____禱告 ◎◎──

聖經應許
.得著賢妻的，是得著好處，也是蒙了耶和華的恩惠。
──箴言18章22節

21
PREYER
為子祈禱文

◎麥克 · 阿瑟（Douglas MacArthur）

主啊！懇求祢教導我的兒子，

使他在軟弱時，能夠堅強不屈；

在懼怕時能夠勇敢自持，

在誠實的失敗中，毫不氣餒；

在光明的勝利中，仍能保持謙遜溫和。

主啊！懇求祢教導我的兒子，

篤實力行而不空想；

引領他認識祢，同時讓他知道，

認識自己，才是一切知識的基石。

主啊！我祈求祢，

不要使他走上安逸、舒適之途，

求祢將他置於困難、艱難和挑戰的磨練中，

求祢引領他，使他學習在風暴中挺身站立，

並學會憐恤那些在重壓之下失敗跌倒的人。

主啊！求祢塑造我的兒子，

求祢讓他有一顆純潔的心，並有遠大的目標；

使他在能指揮別人之前，先懂得駕馭自己；

當他邁入未來之際，永不忘記過去的教訓。

主啊！在他有了這些美德之後，

我還要祈求祢賜給他充分的幽默感，

以免他過於嚴肅，還苛求自己。

求祢賜給他謙卑的心，使他永遠記得，

真正的偉大是單純，

真正的智慧是坦率，

真正的力量是溫和。

然後作為父親的我，才敢輕輕的說：

「我這一生總算沒有白白活著。」

阿們！

22
PREFER

為孩子的健康禱告

◎雷顯威

親愛的主耶穌：

「兒女是耶和華所賜的產業；所懷的胎是祂所給的賞賜。」謝謝祢的恩典，讓我們可以生養眾多，傳承祢創造的美好。

主啊！我們奉祢的名，為所有的孩子健康獻上禱告。求祢保守孩子，因他們的生命認識祢，使孩子在成長中，不僅智慧、身量加增，神和世人愛他們的心也一同增長。

主啊！求祢聖靈保守，帶領每一位孩子，平安健康的長大，使他們擴張帳幕，成為祢合用的器皿。

主啊！祢應許「敬畏耶和華的大有倚靠，祂的兒女也有避難所」，我現在奉祢的名，為孩子○○○的健康獻上禱告，求祢聖靈動工，祢醫治的大能，降臨在這孩子的身上，使他（她）身上的疾病得醫治，恢復祢起初創造他（她）時的健康美好。

我們這樣禱告，乃是奉我主耶穌基督聖名祈求，阿們。

～∽我要為＿＿＿＿禱告∽～

聖經應許

凡敬畏耶和華、遵行祂道的人便為有福！你要吃勞碌得來的；你要享福，事情順利。你妻子在你的內室，好像多結果子的葡萄樹；你兒女圍繞你的桌子，好像橄欖栽子。看哪，敬畏耶和華的人必要這樣蒙福！

——詩篇128篇1－4節

23

為孩子的
交友人際關係禱告

◎編輯部

親愛的天父：

　　我為孩子○○○的交友人際關係來禱告，感謝祢讓他
（她）的智慧與身量都漸漸增長；也感謝祢讓他（她）在社群中
和他人開始建立關係。

　　求主在○○○的交友人際關係中，賜給他（她）分辨的能
力，讓他（她）有智慧能知黑守白，不同流合污。也求祢賜他
（她）力量來勝過各樣試探誘惑，且在人際交友中發揮光與鹽
的影響力，來影響他（她）周遭的朋友，不受不良的關係與行
為所影響。

　　奉主耶穌基督的名禱告，阿們。

我要為＿＿＿＿＿禱告

聖經應許

主啊，祢本為良善，樂意饒恕
人，有豐盛的慈愛賜給凡求告
祢的人。

——詩篇86篇5節

24
PRAYER

為遠行求學的
孩子禱告

◎柯茂峰

親愛的天父上帝：

　　我的孩子○○○，今天上午已經搭乘○○航空出國遠行求學，我的心因他（她）遠行而悵然若失。親愛的天父上帝，祢比任何人都了解我的心情，因為祢的愛子耶穌基督也曾經為了救贖人類的使命，遠離天庭，來到世界。我深信我的孩子也是祢的寶貝，祢必保守他（她）前面的道路。

　　我的孩子○○○要到一個陌生的國度，那裡的人會如何對待他（她）呢？他（她）是否能夠適應那裡的生活呢？親愛的主，我求祢為他（她）安排祢的子民在他（她）的周圍，讓他（她）接觸到的老師與同學都能夠像接待自己家人般的接待他

（她），好使他（她）在〇〇（學校）的求學生涯中，能夠如同耶穌生命的長成一般：「智慧和身量，並上帝和人喜愛祂的心，都一齊增長」（路加福音2章52節）。

最重要的，無論他（她）將來在世界的哪一個地方，求祢將賜給雅各的應許也賜給我的孩子：「我也與你同在，你無論往哪裡去，我必保佑你，領你歸回這地，總不離棄你，直到我成全了向你所應許的。」（創世記28章15節）

孩子誠心迫切的懇求，是奉主耶穌基督的名，阿們！

我要為＿＿＿＿禱告

25
PRAYER
為正值叛逆期的
兒女禱告

◎沈美華

親愛的主耶穌：

　　謝謝祢讓我們成為青少年孩子的父母，讓我有機會回顧自我成長的歷程，重新體會生命的意義，就像泥土在窯匠的手中塑造成形，也感謝主在這過程中，不斷地造就我和塑造我，成為屬神的形象。

　　求主耶穌現在也使用我成為孩子○○○的幫助，可以理解他（她）正透過叛逆的行為尋求自我認同；幫助○○○從掙扎的過程中找到自己，尋求合適的方法解決他（她）的困境和難題，並且可以看到這些方法是有用的。增加○○○對於處

理問題的能力與信心，縮短他（她）叛逆與掙扎的時間，用神所賜的喜樂與滿足來取代。

我們這樣的禱告都是奉靠主耶穌基督之名祈求，阿們！

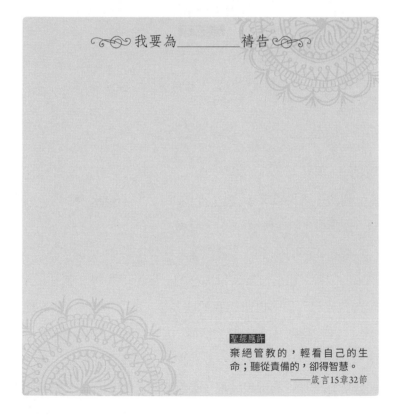

我要為_____禱告

聖經應許
棄絕管教的，輕看自己的生命；聽從責備的，卻得智慧。
——箴言15章32節

26
PRAYER
為戀愛中的
孩子禱告

◎沈美華

親愛的主耶穌：

　　謝謝祢讓我們成為○○○的父母，可以在他（她）成長的
每一個階段，陪伴他（她）走一段路。

　　現在我們的孩子○○○正進入戀愛階段中，這是○○○
長大的記號，也是值得父母放心的一個新里程碑，求主耶穌
親自教導○○○，也使用我們成為他（她）的幫助。教導他
（她）如何透過友誼和戀愛來認識自己，同時也開始學習作一
個委身給神的基督徒，將交友和戀愛的過程交託給神。求主
耶穌幫助他（她）有敏銳的靈，去察驗神在他（她）的交友戀愛

中，有善良、純全、可喜悅的心意，並確信神在他（她）的交友戀愛過程中，確實有神的旨意和引導。

我們這樣的禱告都是奉靠主耶穌之名祈求，阿們！

我要為_____禱告

27
PRAYER

為孩子謀職／工作職場禱告

◎沈美華

親愛的主耶穌：

謝謝祢讓我們的孩子〇〇〇成長到足夠可以透過工作，來幫助自己學習獨立自主，也透過工作來榮耀神。

求主耶穌幫助〇〇〇能突破外在大環境經濟困難的現況和限制，讓他（她）能更深地看見與感受到，神原本在他（她）身上所賞賜的能力和恩賜。讓他（她）能透過謀職與工作過程中，學習專心與觀察，並得著勤勉的智慧；讓他（她）學會預備食物與聚斂糧食的重要性，竭力在神面前得蒙喜悅，作無愧的工人；讓孩子知道工作是神充滿恩典的祝福。

我們這樣的禱告都是奉靠主耶穌之名祈求，阿們！

我要為_____禱告

聖經應許

我要將我的靈澆灌你的後裔，將我的福澆灌你的子孫。他們要發生在草中，像溪水旁的柳樹。

——以賽亞書44章3、4節

28

PRAYER

為岳父母／公婆禱告

◎編輯部

親愛的天父：

我要為著我的岳父與岳母（或公公與婆婆）來禱告，感謝祢讓他們進入我的生命裡，我相信這一切都是祢精心的安排；求祢保守他們，讓他們有健康的身體，並且不因身體逐漸衰弱造成的不便而感到沮喪，有信心與喜樂來面對每一天。也求祢讓他們每天晚上都有美好的睡眠，每天早晨都有好的精神來享受他們年輕力壯時所結的果實；當他們孤單與害怕時，祢的愛與平安也大大的充滿他們。

最後，我也求祢使用他們，讓他們與家族晚輩相處時，

都能流露出歲月累積的成熟智慧，來祝福家裡的每一個晚輩。

奉耶穌基督的名禱告，阿們。

我要為_____禱告

聖經應許

白髮是榮耀的冠冕，在公義的道上必能得著。

——箴言16章31節

29
PRAYER

為家族的紛爭禱告

◎編輯部

親愛的天父：

我要為著家族成員○○○來禱告，求祢助我能成為和平之子，並充滿祢聖靈的能力來幫助家族化解危機；願我成為○○○都能接納的橋樑，而非火上加油的麻煩製造者。

我也求祢賜下平靜安穩的心在○○○裡面，使他們不因為衝動而產生彼此傷害的行動。更願我主厚賜彼此饒恕的恩典在○○○心中，使他們能想起對方過去的好！將他們的石心換成肉心，願意彼此和睦。

主啊！我深信祢是能將危機化為轉機的神，願這家族從衝突走向和好，成為美好的見證，將榮耀歸給祢！奉耶穌基督的名禱告，阿們。

━━━━━ 我要為_____禱告 ━━━━━

聖經應許
我們曉得萬事都互相效力，叫愛上帝的人得益處。
——羅馬書8章28節

30
PRAYER

為壽星祝福禱告

◎編輯部

親愛的天父：

　　我為今天生日的壽星○○○來禱告，為他（她）今天在慶生的喜悅中也經歷祢的平安與保守，更讓他（她）在慶生的歡樂裡，深深體會到家人與朋友們對他（她）的愛。我也求祢在○○○生日的這一天掌管他（她）的心，讓他（她）心中對生養他的長輩充滿感恩；也在他（她）許願的時候，引導他（她），讓他（她）的願望能被祢的帶領所推進，滿足主的心意，成為榮耀神且有益於人的壽星！

　　奉主耶穌基督的名禱告，阿們。

我要為＿＿＿＿＿＿禱告

我的肺腑是祢所造的；我在母腹中，祢已覆庇我。我要稱謝祢，因我受造，奇妙可畏；祢的作為奇妙，這是我心深知道的。我在暗中受造，在地的深處被聯絡；那時，我的形體並不向祢隱藏。我未成形的體質，祢的眼早已看見了；祢所定的日子，我尚未度一日，祢都寫在祢的冊上了。上帝啊，祢的意念向我何等寶貴！

——詩 篇139篇13－17節

31
PRAYER

為未信主的家人禱告

◎編輯部

親愛的天父：

　　我要為尚未信主的家人○○○禱告，主啊！我深信祢比我還要愛他（她）與關心他（她），祢不願他（她）沉淪，乃願他（她）得救！我求祢在他（她）的周遭環境裡賜下各種機會：賜下能認識基督徒的機會，賜下聽到福音的機會，賜下親自遇見祢的機會；我深知這一切的機會都在祢手中。我也求祢的靈降臨來感動他（她），軟化他（她）的心扉，讓他（她）的心能被你所觸摸，並感受到祢的愛和能力。

　　奉主耶穌基督的名禱告，阿們。

我要為＿＿＿＿＿禱告

聖經應許

人非有信，就不能得上帝的喜悅；
因為到上帝面前來的人必須信有上
帝，且信祂賞賜那尋求祂的人。挪
亞因著信，既蒙上帝指示他未見的
事，動了敬畏的心，預備了一隻方
舟，使他全家得救。

——希伯來書11章6、7節

32
PRAYER

為遠行出遊的親友禱告

◎鍾信仁（江兒）

親愛的天父：

　　能夠到遠處去旅遊，本是一件令人雀躍的事！我的親友〇〇〇卻伴隨著不能自己的憂慮，他（她）擔心此趟出遊會不會有不可預期的意外發生。

　　主啊！孩子為所愛的這位親友〇〇〇來向祢祈求，幫助他（她）這種類似「遠行焦慮」的症狀能夠快快平復，並藉此機會安慰他（她）心裡極大的不安全感，那憂慮的源頭是什麼呢？我們都不知道，只有祢能幫助他（她）；在這看似杞人憂天的現象裡，醫治他（她）心中更深處的問題，不但能如常出遊，且經歷祢所賜出人意外的平安！

　　主啊！這樣的恩典唯有祢可以賜下！謝謝主。

　　如此禱告，是奉天父聖靈的名，阿們！

〜我要為_____禱告〜

133

33
PRAYER

為求懷孕的
夫妻禱告

◎黃銀成

親愛的主：

祢曾應許們說：「兒女是祢所賜的產業；所懷的胎是祢所給的賞賜。」（參閱詩篇127篇3節）感謝祢賜下如此寶貴的應許，把孩子賞賜給我們，好讓世人有生命的延續。

主啊！求祢賜下這產業的祝福給○○○○夫婦，好讓他們得著如此極美的賞賜。

求主賜福作妻子的，在她受孕前，能在身、心、靈上有充足的預備，身心時刻保持最佳狀態。

願我主耶穌基督的恩惠臨到作妻子的身上，讓主所賜予的產業坐落在佳美之處，因為他們所得的，主必為他們持守

看顧，主耶穌基督的寶血，厚厚的遮蓋在作妻子身上，保護
她的產業都能平平安安、健健康康。

　　求主預備○○○○夫婦後代的道路，並得著神賜福的後
裔，榮耀祢的名。

　　奉耶穌基督的名禱告，阿們！

我要為＿＿＿＿＿禱告

34
PRAYER

為懷孕中的
親友禱告

◎黃銀成

親愛的主：

我感謝祢，因為祢已賜福給我的親友○○○成為祢祝福的接受者；因為祢曾應許我們「要生養眾多，遍滿地面，治理這地。」我感謝祢並向祢祈求：祝福○○○身體強壯，並藉著祢的聖靈支持她，看顧與保守她的懷孕過程，並且嬰孩充滿活力，長成健康純潔的身體，完好無缺。

保守腹中胎兒的身體、智性、心靈和所有臟器健全，並賜予這嬰孩誕生為富有才智的人；在對祢的敬畏中建立他（她），賜予他（她）生命和健康來到世上，不要讓他（她）隱

蔽在母親的腹中。

　　噢！親愛的主，我將腹中胎兒交託在祢全能並如同父親般的雙手裡，使他（她）安放在祢恩典的右手，並透過祢的聖靈聖化、更新他（她）。

　　奉耶穌的名禱告，阿們！

⋙⋙ 我要為＿＿＿＿＿ 禱告 ⋘⋘

聖經應許
耶和華向來眷念我們；祂還要賜福給我們……凡敬畏耶和華的，無論大小，主必賜福給他。

——詩篇115篇12、13節

137

35
PRAYER

為即將生產的
親友禱告

◎黃銀成

親愛的主：

我們把這個令人歡喜的生產時刻交託在祢手上，因為我們的親友○○○即將生產。

願她知曉生產的徵狀，在感到有節奏的陣痛，或見到胎水流出產道時，能保持鎮定。

主為她預備家人在旁協助，在小寶寶出生前抵達醫院。

願她能存信心、愛心、勇氣，免去生產的苦楚。

求主保守她的子宮頸逐漸軟化，減少生產難度，安撫○○○的心情得以平穩，讓生產過程盡能順利。

求祢派遣光明的天使擁抱她、守護她，使她不受任何的

攪擾，使她免於疾病與虛弱、妒忌與羨慕，和所有惡毒的眼光，請祢以偉大的恩典憐憫她和她剛出生的孩子。

忘記她有意無意的罪過，去除她所有分娩時的陣痛，藉由祢的恩典，讓她快速的從身體的苦痛中恢復，讓她的孩子踏上祢所預備的道路。

奉耶穌的名禱告，阿們！

我要為＿＿＿＿＿＿禱告

36
PRAYER

為陷入婚姻危機的
親友禱告

◎黃銀成

親愛的主：

　　我要為著親友○○○的婚姻禱告，求主賜下更勝於起初之愛的愛，使他們重新點燃彼此的生命。

　　也求主賜下饒恕、接納之恩、並求主用寶血塗抹他們過去對彼此的傷害。

　　懇求天上的主賜下那叫丈夫回轉到妻子、妻子回轉到丈夫的心，讓彼此堅固的關係成為家人的祝福。

　　求主光照○○○，不繼續作得罪神與人的事，求主給他（她）悔改的機會，並讓他（她）厭惡自己與配偶以外有不正常的關係，使他（她）的良心得以甦醒，引導他（她）走正直

的路，任何他（她）生命中的破口與缺乏，都有主的醫治與填補。

甚願設立婚姻的美好祝福，能立即臨到〇〇〇的婚姻中，一切美善忠實的愛，扶持、寬恕與接納的靈，都要來為〇〇〇的婚姻效力。

奉主耶穌基督的名禱告，阿們！

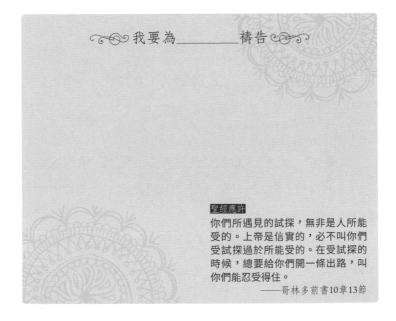

我要為＿＿＿＿＿禱告

聖經應許
你們所遇見的試探，無非是人所能受的。上帝是信實的，必不叫你們受試探過於所能受的。在受試探的時候，總要給你們開一條出路，叫你們能忍得住。
——哥林多前書10章13節

37
PRAYER
為決志受洗者祝福禱告

◎編輯部

親愛的天父：

　　我要為決志受洗的〇〇〇來禱告，我深信這一刻天上的使者也在歡呼快樂，謝謝祢過去在他（她）的心中做引導與感動的工作。

　　感謝祢，〇〇〇今日要受洗歸入祢的名下，求祢祝福他（她），今後他（她）的一舉一動都有新生的樣式，有祢所賜的能力過一個嶄新的生活。

　　求祢祝福〇〇〇，使他（她）今後總能效法基督的榜樣，並擁有基督的心，讓他（她）在凡事上經歷的好處不在祢以外。

此外，我也求祢繼續祝福他（她）受洗後的生命，能有堅定的信心、充沛的愛心，及活潑的盼望。

奉主耶穌基督的名禱告，阿們。

❦❦❦ 我要為＿＿＿＿＿禱告 ❦❦❦

聖經應許

若有人在基督裡，他就是新造的人，
舊事已過，都變成新的了。

——哥林多後書5章17節

38

PRAYER

為不再來教會的親友禱告

◎林福德

親愛的天父上帝：

　　我最愛的○○○弟兄（姐妹）不來聚會了，由於工作忙碌（或其他原因）影響了他（她）來教會服事、禱告和讀經的時間，但是因生計之需要，他（她）必須工作，才能滿足家裡開支所需。所以天父上帝，求祢幫助○○○弟兄（姐妹），工作穩定、生活平安，使得他（她）在工作、生活和信仰上，都能一齊成長，尤其在未成熟的信仰上，能夠體認到信仰上帝的美妙，俾能以信仰為生活的中心。

　　願上帝的恩惠、耶穌基督的慈愛，和聖靈的保護，常與○○○弟兄（姐妹）同在，奉靠主耶穌基督名禱告。阿們。

*筆者補充：清楚了解代禱對象的需要是什麼？為他（她）的屬靈生命、生活、感情、學業、事業等等。列舉項目可供代禱使用，代禱者不一定每次禱告全部的項目，只要忠心持續進行就可以了。相信這種代禱守望，我們的家人、朋友、弟兄、姐妹和教會，必定蒙上帝賜福。

我要為＿＿＿＿＿禱告

聖經應許

也要堅守我們所承認的指望，不致搖動，因為那應許我們的是信實的。又要彼此相顧，激發愛心，勉勵行善。

——希伯來書10章23、24節

39

為受暴婦幼禱告

◎紀惠容

親愛的阿爸父神：

　　靠著祢聖靈的大能，我們祈求祢釋放在黑暗角落的婦女與孩子。

　　願祢興起更多工人，成為祢的手和腳，起來拯救這些遭受暴力虐待的孩童、婦女。

　　「惟願公平如大水滾滾，使公義如江河滔滔。」（阿摩司書5章24節），使這邪惡的荒漠成為伊甸園。

　　願一切榮耀都歸給祢！阿們！

- 為受暴虐事件的受苦女人，持續禱告
- 為她們能正確理解「順服」定義禱告
- 為庇護所的安全、團隊、婦女禱告
- 為被人口運輸（販賣）的婦女禱告
- 為教會能成為醫治受虐者的地方禱告
- 為各國政府能採取行動，遏止暴力禱告

৩৩৩ 我要為＿＿＿＿＿禱告 ৩৩৩

聖經應許

不要懼怕，因你必不致蒙羞；也不要抱愧，因你必不致受辱。你必忘記幼年的羞愧，不再記念你寡居的羞辱。因為造你的是你的丈夫；萬軍之耶和華是祂的名。 救贖你的是以色列的聖者；祂必稱為全地之上帝。

——以賽亞書54篇4、5節

40
PRAYER
為失業的人禱告

◎孫仁智

親愛的天父：

　　祢創造天地萬物各按其時，成為美好，祢的榮耀充滿在天地之間。

　　主啊！因著罪的緣故，我們在世上勞苦，受試練（參閱創世記第3章），求祢思念我們不過是用塵土所造（參閱創世記2章7節），帶領我們脫離人生的困境，迎向光明的未來。

　　祢所親愛的孩子○○○弟兄（姐妹）正經歷失業的困境，面臨經濟的壓力、生活的壓力……等問題，主啊！祢是他（她）的力量、避難所，是他（她）在患難中隨時的幫助，求主幫助他（她）在找尋工作期間，能勝過各樣的試探與考驗，找到一個合神心意的職業。

主啊！求祢保守○○○弟兄（姐妹）在尋找工作期間不至缺乏，供應他（她）的需要，並為他（她）預備一個最適合他（她）的工作，使他在職場上能成為主所重用的器皿，並且榮神益人！

禱告是奉耶穌基督的名求，阿們！

⟨⟩ 我要為_____禱告 ⟨⟩

聖經應許

萬軍之耶和華說：你們要將當納的十分之一全然送入倉庫，使我家有糧，以此試試我，是否為你們敞開天上的窗戶，傾福與你們，甚至無處可容。

——瑪拉基書3章10節

41
PRACTION

為做生意
失敗的人禱告

◎孫仁智

親愛的天父：

祢是創造天地萬物的主，因著祢的慈愛與恩典，將一切
滋養生命的資源賜給我們，連我們得貨財的能力也是祢所賜
的，我們為此感恩，將榮耀歸與祢！

我們要為○○○弟兄（姐妹）代求，他（她）經歷生意上
的失敗，帶給他（她）莫大的挫折與打擊，求祢憐憫安慰他的
心，賜給他（她）信心與力量，使他（她）抬起下垂的手、發痠
的腿，重新得力，如鷹展翅上騰。

主啊！甚願祢賜福○○○弟兄（姐妹），擴張他（她）的境

界，常與他（她）同在，幫助他（她）重新站起來，有勇氣面對未來的人生！

主啊！地和其中所充滿的，世界和住在其間的，都是祢所造的，祢要賜福給誰就給誰，在祢沒有難成的事，願祢美好的旨意成就在○○○弟兄（姐妹）身上，使他（她）在商場上為祢做美好的見證！

願一切榮耀都歸給主，這樣禱告不配乃是奉靠主耶穌基督的名求，阿們！

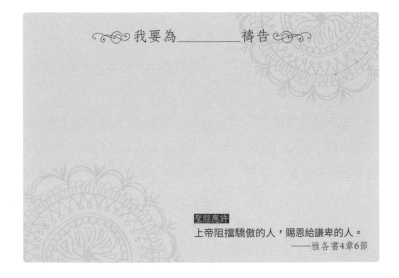

我要為_____禱告

聖經應許
上帝阻擋驕傲的人，賜恩給謙卑的人。
——雅各書4章6節

42
PRAYER

為失去
人生目標的人禱告

◎孫仁智

慈悲愛我們的天父：

祢是世上的光，是那位引領我們出黑暗幽谷，指引我們人生方向的明燈！

祢所親愛的孩子○○○弟兄（姐妹），迷失了他（她）人生的目標，不知道何去何從？主啊！祢知道我們的一切，從出母腹前祢就選召我們，我們的肺腑是祢所造的，祢按著祢的旨意命定我們的一生，為使我們得著益處。願祢的聖靈指引○○○弟兄（姐妹）人生的道路，開啟他（她）的心眼，讓他（她）看見祢為他（她）所預備的佳美道路。

　　主啊！也求祢賜給○○○弟兄（姐妹）信心及專心，讓他（她）在一切所行的路上都認定祢，不依靠自己的智慧，凡事仰賴主、敬畏主，遠離惡事，使他（她）凡事蒙福，人生的道路充滿平安與喜樂！

　　願一切榮耀歸與全智全能的神，我們這樣禱告，乃是奉靠主耶穌基督的名求，阿們！

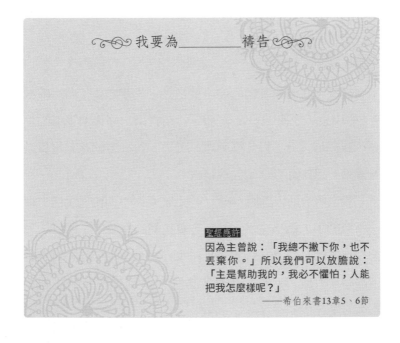

我要為＿＿＿＿＿禱告

聖經應許

因為主曾說：「我總不撇下你，也不丟棄你。」所以我們可以放膽說：「主是幫助我的，我必不懼怕；人能把我怎麼樣呢？」

——希伯來書13章5、6節

43
PRAYER

為身體微恙的
親友禱告

◎鍾信仁（江兒）

親愛的父神：

　　最近，我的親友○○○身體微恙，出現咳嗽（或頭痛、感冒）的現象，令他（她）不舒服、無精打采，好像洩了氣的皮球，我知道這算不得什麼問題，可是，我心中就是有這負擔和感動，想為他（她）來向祢禱告。

　　我也勇敢地告訴他（她）：「上帝愛你！即使是生活中細小不過的事，祂都在乎，並不輕看我們的需要。」所以，我懇求祢讓他（她）快快痊癒，且在他（她）疲累而不得不休息與安靜時，對他（她）的心說話，讓他（她）感受到祢對他（她）細膩的愛。

主啊！我憑著信心這樣求告，願祢按著祢的旨意成就。

這樣的禱告是奉主的聖名，阿們！

∽◦ 我要為_____禱告 ◦∽

聖經應許

親愛的兄弟啊，我願你凡事興盛，身體健壯，正如你的靈魂興盛一樣。

——約翰三書1章2節

44
PRAYER

為患有慢性疾病的
親友禱告

◎鍾信仁（江兒）

萬軍之耶和華啊！

　　謝謝您創造宇宙萬物、賜給我們生命！《聖經》上說我們的身子就是聖靈的殿（參閱哥林多前書6章19節），我們應當好好照顧管理自己的身體。只是很多時候，我們都喜歡順著自己的喜好，而忽視這些日積月累的不良生活習慣及飲食習慣所帶來的影響。

　　我的朋友○○○被醫生告知得到○○○（慢性病名稱），他（她）的心情祢都明瞭，請祢親自安慰他（她），使他（她）不因情緒低落而影響到後續就診的效果。

我們都明瞭慢性疾病在短時間內不容易痊癒，求主加添信心，讓他（她）有耐性按時服藥及定期回診，在飲食上學會節制，並且加上運動及規律的生活作息。

請祢幫助他（她）有一顆警醒、不急躁的心，能樂觀的面對這病症，就像是學習和一位新朋友相處一樣。幫助他（她）常保一顆喜樂的心，因為「喜樂的心乃是良藥，憂傷的靈使骨枯乾。」（箴言17章22節）

如此祈求，全是靠著我萬軍之耶和華的名，阿們！

我要為＿＿＿＿禱告

45
PRAYER

為患有
憂鬱症的人禱告

◎胡子輝

天父上帝：

感謝祢，因祢是聽禱告的神！在祢施恩寶座前，我們今天特別要為身心受到憂鬱症傷害的人代禱。

慈愛的天父，祢比我們更知道他們的情況和需要，懇求祢安慰他們的心，賜給他們一個平安的靈。求祢使他們有悟性能夠知道祢的慈愛和大能，憑信心把一切的憂慮交托給祢。求天父醫治，賜給他們希望和喜樂。

在這裡要特別求上帝加添信心、力量和忍耐給他們身邊的親友，以致能夠給予他們最恰當的支持和鼓勵。

感謝天父上帝的應允！以上禱告是奉靠耶穌聖名而求，阿們！

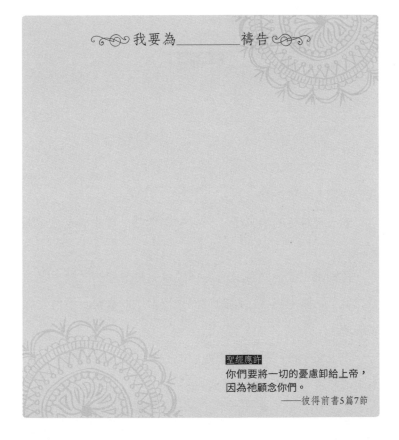

我要為_____禱告

聖經應許
你們要將一切的憂慮卸給上帝，
因為祂顧念你們。
——彼得前書5篇7節

46
PRAYER

為患成癮症
的人禱告

◎胡子輝

我們在天上的父：

　　願人都尊祢的名為聖！求天父賜聖靈，釋放被成癮症困擾的人。

　　特別求主使他們有決心選擇遠離各種惡癮的試探，賜力量給他們，勝過癮害；賜給他們重得自由的喜樂，不再受癮害的苦。

　　求天父上帝行神蹟，使他們從心底了解並厭惡癮害，願意棄絕惡癮，重新過一個健康的生活。

　　求天父上帝揀選他們，好讓他們能夠將勝過癮症的經驗

分享他人，好讓他們去幫助其他同受癮害困擾的人，為主作見證！

　　感謝天父上帝垂聽禱告，願祢的旨意成就。奉耶穌基督的名，阿們！

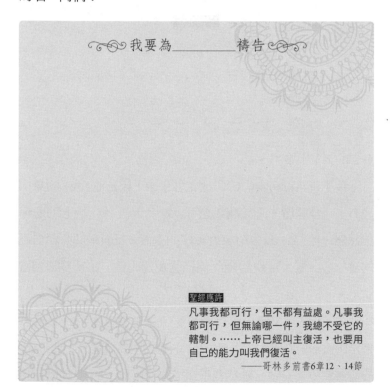

◦ᴄᴄ我要為＿＿＿＿禱告◦ᴄᴄ◦

聖經應許

凡事我都可行，但不都有益處。凡事我都可行，但無論哪一件，我總不受它的轄制。……上帝已經叫主復活，也要用自己的能力叫我們復活。

——哥林多前書6章12、14節

47

為患有
惡性腫瘤的人禱告

◎溥又新

慈悲的天父上帝：

　　孩子將這位病友○○○放在您手中，因為他（她）的身上患有了惡性腫瘤。天父啊！您可以感受到他（她）內心的悲傷與忿怒。他（她）為帶給家庭更好的生活，反而疏於照顧自己的身、心、靈，致使體內的癌細胞加速成長，並且蔓延到器官上。

　　孩子祈求天父親自與他（她）同在，並安慰他（她），因為您是賜醫治與安慰的主；他（她）的身體需要被醫治，他（她）的心靈需要被安慰。雖然我不知道為什麼他（她）要經歷這樣

的痛苦，但我相信您希望代替他（她）受苦，就像當時耶穌基督為全世界人類受死，代替人類受苦一樣。

孩子懇求您在他（她）旁邊陪伴，保護他（她），依著您的方法回應並且應許他（她）向您所祈求的。奉主耶穌的名而求，阿們。

❧❧ 我要為＿＿＿＿禱告 ❧❧

聖經應許
他病重在榻，耶和華必扶持他；
他在病中，祢必給他鋪床。
——詩篇41篇3節

48

PRAYER

為開刀動手術的
親友禱告

◎鍾信仁（江兒）

親愛的主：

　　我們要稱頌祢是大醫生！祢也是充滿憐憫與厚愛的主！

　　面對我們的病痛，從過去到如今，祢不斷開啟世人醫學上的知識與技能，同時為每個地方預備了許多好醫生，以解除人類的痛苦！神啊！謝謝祢。

　　如今，我想為我即將動手術的朋友○○○禱告。他（她）的症狀，醫師說非開刀不可，我知道他（她）十分懼怕與擔憂，可是，他（她）也願意聽從醫生的建議，所以，我祈求祢賜給他（她）擁有從天而來的勇敢、信心及平安，並給予陪伴他（她）的家人屬天的力量與愛！

主啊！我憑著祢賜給我的愛，像《聖經》〈路加福音〉裡那位切切懇求的寡婦般的向祢祈求，願祢成就！這樣的祈禱，是奉拿撒勒人耶穌的名！阿們！

編按：

路加福音18章1－7節（現中修訂版）

18:1　耶穌向門徒們講一個比喻，要他們常常禱告，不可灰心。

18:2　祂說：「某城有一個法官，他既不敬畏上帝，也不尊重人。

18:3　那城裡有一個寡婦常常去見他，請求他主持公道，制裁她的冤家。

18:4　這個法官一直拖延，但後來心裡想：我雖然不敬畏上帝，也不尊重人，

18:5　可是這個寡婦不斷地煩擾我，不如為她伸冤，免得她經常上門，糾纏不休。」

18:6　主接著說：「你們聽聽那不義的法官所說的話吧！

18:7　難道上帝不會替那些日夜向祂求援的子民伸冤嗎？祂會延遲援助他們嗎？

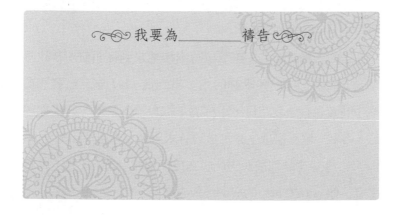

我要為_____禱告

49
PRAYER

為臨終的親友禱告

◎鍾信仁（江兒）

慈悲的父神、我的主！

我們知道凡事皆有定時，因為在〈傳道書〉上祢告訴我們：「生有時，死有時；……哭有時，笑有時；哀慟有時……」（參閱傳道書3章1－14節）

是的，親愛的主！孩子這時肅穆地來到祢面前，為我所摯愛的親友○○○呼求祢的名，看到他（她）氣息已弱，在病中受苦也有一段時日，求祢賜下祢最深的憐憫，如果祢願意，容我一點點僭越生命主權的祈求，請主救拔他（她），使他（她）生命奇妙地被挽回，成為祢榮耀的見證；不然，則請主息了他（她）在世上的一切勞苦病痛。

若是這樣，就請賜給他們家人的心裡存有平安，成為美善而真實的一個印證，使他們得安慰。

主啊！在生死跟前，我們越發看見人的渺小，唯有祢的慈愛能彌平我們的無奈與缺憾！謝謝祢聆聽我這樣的禱告，阿們！

⊙∽⊶⊷我要為＿＿＿＿禱告⊶⊷∽⊙

聖經應許
上帝造萬物，各按其時成為美好，又將永生安置在世人心裡。然而上帝從始至終的作為，人不能參透。

——傳道書3章11節

50
PRAYER

為基督徒逝者祝福禱告，為其遺族安慰禱告

◎溥又新

我們在天上的父：

　　我們的○○○弟兄（姐妹）在家人的祝福下，安息於您的懷中。您體恤他（她）在世上所經歷的人生，所以讓他（她）歇了在人世間的工，並使他（她）的身體歸於塵土，生命氣息歸於您，保存了他（她）在世上所結聖靈的果子。直到主耶穌基督再來時，叫醒沉睡的他（她），並賜下不朽的身體，與您在天上歡聚。

　　也祈求您與○○○弟兄（姐妹）的家人們同在。我們明白，因基督的寶血，我們來世得著永遠的生命，我們應當為

此歡呼。但是離別總是令人痛苦、難過的，正如耶穌被釘死在十字架上時，馬利亞及祂的門徒們也是痛苦萬分。

慈悲的父啊！願您親自安慰及陪伴，容許家人們的悲傷，因為療癒他們的悲傷並非一兩天之事。在您親手拭去他們淚水的同時，也請帶給他們對未來盼望的喜悅。

奉主耶穌的名而求，阿們。

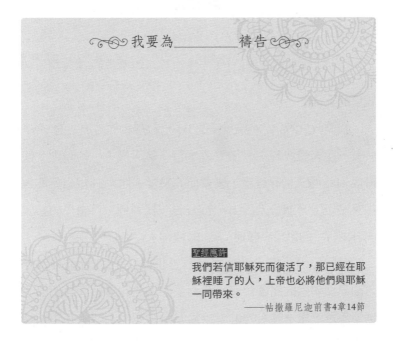

我要為＿＿＿＿＿禱告

聖經應許
我們若信耶穌死而復活了，那已經在耶穌裡睡了的人，上帝也必將他們與耶穌一同帶來。

——帖撒羅尼迦前書4章14節

51

為非基督徒逝者
祝福禱告，
為其遺族安慰禱告

◎溥又新

親愛的上帝：

　　我們敬愛的○○○先生（女士）已經離我們而去。他（她）終其一生未受洗歸主，卻畢生奉行「敬天愛人」的原則，使得他（她）敬天而存謙虛，愛鄰而有慈愛，他（她）以自己的人生見證了上帝期盼人活出「行公義，好憐憫，存謙卑的心，與神同行」的形象，願他（她）的精神永遠與我們同在。

　　對○○○先生（女士）的家人們而言，因為骨肉分離是言語無法安慰的痛苦，而且生命安息與否也困惑著他們的心情。不過，您是愛人的主，無論○○○先生（女士）在生前是

否是您的信徒，您都如此的愛他（她），而在他（她）辭世之後，您必然接受逝者的生命，使他（她）安息。

同時，您是慈悲的神，必將與○○○先生（女士）的家人們同在，直到悲傷成為了美好的記憶，使逝者成為家人們的祝福。

奉主耶穌基督的名而求，阿們。

我要為＿＿＿＿＿＿禱告

52
PRAYER

為教會長老、執事及
行政團隊的需要禱告

◎焦望新

親愛的天父上帝：

　　祢是榮耀的主，也是我們的領袖。祢創造了宇宙萬物，維繫著天體的運轉，也帶領著我們的生命。祢用祢的名揀選了教會的長老與執事以及行政團隊，他們是奉命為祢服務的，我們誠懇的將他們放在祢的面前。

　　求祢使他們謙卑，感動他們，使他們將所有成就的榮耀都歸給祢。使他們意識到，他們之所以能有成效，都是因為祢的能力。

　　求祢堅定他們，將真理的原則放在他們心中，賜給他們勇氣面對一切的挑戰和不同的意見。

　　求主賜給他們主持公平的心，讓他們有智慧做出判斷，使他們為了保持公平與公正，願意放下自己的利益，使主的旨意成就。

　　求主賜給他們憐憫的心，使他們以基督的心為心，有屬靈的鑑察力，能聽到真實需要的聲音，也能關注到軟弱和受傷之人的需要。

　　求主每天提醒他們與主同行，在繁忙的工作中，在緊張的會議之後、在獨自一人時，祢用細微的聲音對他們說話。

　　禱告奉主耶穌的名求，阿們！

我要為_____禱告

53
PRAYER

為教會的弟兄姐妹
靈命成長禱告

◎焦望新

親愛的天父上帝：

　　祢是配得稱頌的，因為祢在地上建立了教會，使所有稱祢為主的，都成為祢的兒女。我們為這個教會的大家庭讚美祢，因為有了教會，弟兄姐妹得以相親相愛，互相幫助。

　　求主使教會合一。雖然我們都是祢的兒女，但是常常自以為是，不願意看別人比自己強。我們常常要把自己抬高，使弟兄姐妹因此受傷。求主使我們都願意放下成見，用愛心互相包容。

　　求主使教會渴慕真理。祢的話是我們腳前的燈，路上的光，只有祢的話是真理，求主讓我們將祢的話藏在心裡。提醒我們閱讀、默想並背誦祢的話，也求主使我們在有分歧的時候，想起祢的話，以祢的話為行事為人的標準。

　　求主使教會發展。當我們參與祢的工作時，靈命才會增長。求主使弟兄姐妹不但看到自己的屬靈恩賜，更願意獻上自己，為祢所用。當祢呼召他們時，求主使他們願意回應。

　　求主使教會有見證。靈命的興盛，表現於在生命中彰顯基督。求主使我們能表現出耶穌的樣式，使人從我們的生活可以看見耶穌。求主給弟兄姐妹有得勝罪惡的見證，使他們遇到撒但試探時，全心倚靠祢的保護和眷顧。

　　願主的名得到榮耀！禱告奉主耶穌的名求，阿們！

我要為＿＿＿＿＿＿禱告

54
PRAYER

為教會的異象／
得著能力與復興禱告

◎焦望新

親愛的天父上帝：

我們讚美祢，因為祢使教會得到發展，並從萬民中揀選了我們，使祢的國度不斷擴張，使本來註定要死亡的人，有了得救的希望，我們為此感謝祢！

求主將早期教會純潔的心志加給我們。我們渴望像祢的門徒一樣，同心合意地恆切禱告，當他們願意在主面前放下自我時，主的聖靈就降下，主也將得救的人天天加給教會。主啊！如今的教會太需要那樣的屬靈氛圍，求主使我們願意謙卑自己，在主前承認自己不過是一個滿了汙穢的人，需要穿上耶穌的白衣。

求主給我們禱告的靈。我們用太多時間說自己的話，行自己的事，沒有聆聽祢的聲音。求主使我們在密室中、在教

會中、在學校中、在有祢的兒女聚集之處禱告。讓我們不要說閒話，而是常常把注意力轉向祢，向祢傾心吐意。

求主讓我們尋求祢的面。我們願意看到祢的榮耀，給我們摩西的渴望，求主將祢的榮耀顯給我們看。雖然我們有罪，但我們渴望見到祢！

求主使我們轉離惡行。主說：「轉耳不聽律法的，他的祈禱也為可憎。」（箴言28章9節）我們向主認罪，更求主赦免我們的罪，因為祢的應許是「憂傷痛悔的心，你必不輕看。」（詩篇51篇17節）

求主從天上垂聽我們的禱告。願我們有一顆悔改的心，好讓我們能來到主的面前，向祢祈求。

禱告奉主耶穌的名求，阿們！

我要為_____禱告

55
PRAYER

為教會進行新的事工禱告

◎崔昌鉉（Choi Chang Hyun）／周麗娟　譯

天父：

謝謝您對我的愛，允許我稱您為父親。請幫助我，讓我記住您是供應我一切需要的父親；請提醒我，您也是所有人的父親。讓我有能力愛他們，就像您為我所行的；讓我有能力原諒他們，就像您為我所做的。無論我在何處，遇見何人，也請您讓我有能力成為一個使人和睦的人，並將榮耀歸給您，高舉您的聖名。

父啊！我雖然面對挑戰，但我請求您賜下聖靈保守我心，來服事您。主啊！幫助我不要因眼前的困難灰心喪志，讓我有耐心等候您那更美好的回答，讓這艱困的時刻化為禱告的時刻，以便我能更親近您。

父啊！我願明瞭您的旨意，並透過您所賜的能力去行。請幫助我完成今日該做的工。主啊！為您賜給我這美好的一

天，並您永遠與我同在的應許，再次獻上感謝。

　　奉耶穌基督的名禱告，阿們！

Father in Heaven,

　　Thank you for your love that allows me to call you Father. Please help me to emember that you are my Father who provides everything for my needs. Please remind me that you are also the Father of all the people. Let me love them as you have done. Let me forgive them as you have done. Let me be the peace-maker wherever I go and meet people. In this way your name be glorified and uplifted.

　　Father, I have this problem. However I ask you to pour out your Holy Spirit to guard my heart in your service. Lord, help me not to be overcome by this troublesome time, but to wait until I receive the better answer from You. Make this time be the hour of prayer so that I can get closer to You.

　　Father, I want to know Your will and do it through your power. Help me to complete the work I should do today. Lord, thank you again for this nice day and the promise that you are always with me.

　　I pray in the name of Jesus Christ. Amen.

56

為宣教士禱告

◎吳偉進

莊稼的主！

當我們舉目觀看，要收的莊稼多，可是作工的人少，求祢復興祢的子民，在他們的心裡動工，讓他們看到這個世界的需要，求祢打開他們的眼睛，讓他們能看見自己的責任，肩負神聖的使命，努力傳揚福音，拯救更多生活在黑暗當中的生靈。

求祢賜福那些在工場上為福音遇到困苦的宣教士，在主的恩典上剛強壯膽，不膽怯灰心，每天穿戴神所賜的全副軍裝，跟隨主耶穌，打美好的仗。忠心侍奉主，直到主再來。

當這些宣教士在封閉落後的國家傳揚福音的時候，求主使他們道路通達，遇到危機時，在主的蔭庇下平安穩妥。

　　求主也記念那些生活在異地的宣教士，在文化衝擊下，有時會遇見逼迫、誤會及各種陷阱，求主賜他們有基督的心腸，與喜樂的人同樂，與哀哭的人同哭，不住的接納和饒恕，藉著從神而來的大能大力見證上帝的作為。

　　奉主耶穌基督的聖名求，阿們。

～◇◇ 我要為_____禱告 ◇◇～

禱告語錄
我不能，但我相信上帝能！
——馬禮遜（Robert Morrison）

57
PRAYER

為新聞媒體禱告

◎紀惠容

親愛的阿爸父神：

靠著祢的信實，我們大膽向祢祈討，求祢保守台灣的媒體，在追求百分之百的自由言論之同時，謹守自律原則；在資本主義媒體商業化的同時，不為收視率左右，謹記媒體倫理與永恆的價值。讓邪惡的勢力不再橫行，願一切榮耀都歸給祢！

・為媒體經營者的心懷意念禱告
・為所有媒體工作者的良心禱告
・為教會重視媒體識讀工作禱告
・為教會信徒成為有行動力的閱聽者禱告

・為台灣NCC禱告，使國家知道如何管理媒體

・求主興起更多優質媒體禱告

編按：
NCC：National Communications Commission國家通訊傳播委員會，成立於2006年，是有關電信通訊、網際網路和廣播電視等訊息流通事業的最高主管機關。

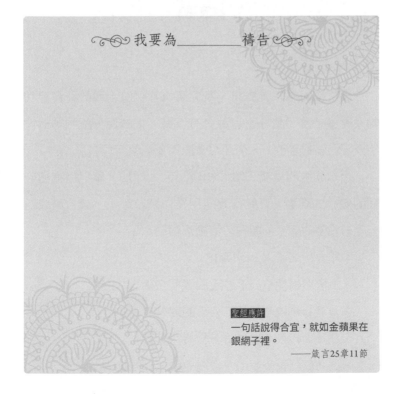

∽⦿∽ 我要為＿＿＿＿禱告 ∽⦿∽

聖經應許
一句話說得合宜，就如金蘋果在銀網子裡。
——箴言25章11節

58
PRAYER

為國家的
社會福利禱告

◎紀惠容

親愛的阿爸父神：

靠著祢的慈悲與憐憫，我們祈求祢保守台灣的社會福利體系充滿公義，讓分配資源者有智慧，把資源分配到結構性不公平的弱勢者手中，讓社福資源不為選票而左右。

願祢的恩典湧流，讓社福資源大大增加，不只用在補破網的殘餘式社福，更能有效運用在預防政策上，讓台灣成為有愛有希望的國家，願一切榮耀都歸給祢。

奉基督聖名祈求，阿們！

- 為因結構性不公平導致的弱勢者禱告
- 為教會尋找結構性不公平的弱勢者禱告
- 為教會投入社福預防與救援行動禱告
- 為各國社福資源用在最需要與正確的地方禱告

我要為_____禱告

聖經應許

世人哪,耶和華已指示你何為善。祂向你所要的是什麼呢?只要你行公義,好憐憫,存謙卑的心,與你的上帝同行。

——彌迦書6章8節

Part III
常用名詞解說

30條基督教詞彙淺顯說明,讓所有讀者一窺堂奧。

因為,凡祈求的,就得著;
尋找的,就尋見;
叩門的,就給他開門。

——路加福音11章10節

❶基督

　　基督（Christ）就是「彌賽亞」（Messiah）。「彌賽亞」為希伯來文，其希臘文翻譯就是「基督」，意思是「受膏者」。彌賽亞特指上帝親自設立差遣的那一位，在此意義就是「救主」。[1]

　　舊約時代，上帝所立的君王、先知、祭司等都必須受膏──抹油在頭上的一種宗教禮儀。但通常「受膏者」是君王的尊稱（撒母耳記上24章6節；26章11節；詩篇89篇20節）。《新約》承認耶穌是基督，就是《舊約聖經》先知所預言的彌賽亞。[2]

參考資料：

①林鴻信，《認識基督宗教》（台北：校園書房，2006）頁15。
②聯合聖經公會，《聖經》名詞淺註，頁6。

❷耶和華

　　耶和華（YAHWEH）是《舊約聖經》中對上帝聖名猜想的音譯（出埃及記3章14、15節；6章3節）。希伯來原文只包括4個子音YHWH。猶太人因害怕褻瀆上帝的名，不久就拒絕高聲念上帝的名。他們在YHWH的地方，念Adonai（編按：「主」的意思）一字代替。在主後第七或第八世紀，希伯來文加上母音（編按：a、o、a）時，當時Masoretes（編按：傳統的《希伯來文聖經》）加上了Adonai字中的母音在YHWH的子音中，這樣的結合，就造成了中文譯為「耶和華」的Jehovah。但一些《欽定版聖經》之外的英文譯本，則仍沿用YHWH或譯為「主」。

　　其實YHWH原來的發音應當比較接近「雅威」。

參考資料：

基督復臨安息日會全球總會傳道協會，《基督復臨安息日會基本信仰28條》（台北：時兆文化，2006）頁37、44。

❸聖靈

　　聖靈是具有位格的神。《聖經》提到三一真神，描寫聖靈是其中的一位（馬太福音28章19節；哥林多後書13章14節）。祂統治審判（創世記6章3節）、教導（路加福音12章12節）、定罪（約翰福音16章8節）、領導教會工作（使徒行傳13章2節）、幫助及代求（羅馬書8章26節）、感動（彼得後書1章21節）及使人成聖（彼得前書1章2節）。這些都並非只是一種能力、影響力，或上帝的一種特性能夠做，只有具有位格的神才能。

　　當基督介紹聖靈時，稱祂為「另一個Parakletos」（約翰福音14章16節）。這個希臘字被譯為：「保惠師」、「幫助者」、「安慰者」、「策士」，也有「代求者」、「中間人」或「中保」的意思。

　　聖靈無所不能。祂賜屬靈的恩賜（哥林多前書12章11節）；祂會與祂的子民永遠同在（約翰福音14章16節）；沒有人能逃避祂的影響（詩篇139篇7－10節）；祂也是無所不知的（哥林多前書2章10、11節）。

　　聖靈極為重要。耶穌基督在我們身上所做的一切改變，都是藉著聖靈的工作而實現的。我們作信徒的人應該經常警覺，若缺少了聖靈，我們什麼都作不成（約翰福音15章5節）。

參考資料：

基督復臨安息日會全球總會傳道協會，《基督復臨安息日會基本信仰28條》（台北：時兆文化，2006）頁83、84、90。

❹聖靈充滿

　　大多數基督徒對「聖靈充滿」的了解，只是局限在說方言、說預言、醫病、趕鬼等神蹟奇事的層面。這些充其量不過是一些聖靈恩賜和能力的外顯，但《聖經》所說的聖靈充滿，在實質上，就是人在靈裡遇見了神，也可說是復活的主向他顯現；他真的知道，基督活在他的裡面！這才是聖靈充滿的真實意義！我們只要仔細研讀〈使徒行傳〉，便可明白這個真理。那些門徒，包括曾三次否認主的彼得在內，他們被聖靈充滿以後，都變得前後判若二人。保羅被聖靈充滿以後才說：「現在活著的不再是我，乃是基督在我裡面活著。」（使徒行傳9章17節；加拉太書2章20節）

參考資料：

周金海，《認識聖靈》（台北：以琳書房，2008）

❺救恩

　　指上帝藉祂的兒子耶穌基督的死和復活，拯救人類脫離罪惡，跟祂恢復了正常的關係。此詞在《新約聖經》出現了150多次，有時也指耶穌醫病趕鬼，使病人恢復健康的行動。①

　　上帝要將罪人改變為聖徒，「惡人當離棄自己的道路；不義的人當除掉自己的意念。歸向耶和華，耶和華就必憐恤他；當歸向我們的上帝，因為上帝必廣行赦免。」（以賽亞書55章7節）祂救恩的信息清楚地響遍全世界：「地極的人都當仰望我，就必得救；因為我是上帝，再沒有別神。」（以賽亞書45章22節）②

參考資料：

①聯合聖經公會，《聖經》名詞淺註，頁6、7。
②基督復臨安息日會全球總會傳道協會，《基督復臨安息日會基本信仰28條》（台北：時兆文化，2006）頁138。

❻罪／罪人

我們常講的「罪」只是實際可見的犯法行為，但在《聖經》原文中，罪的定義是「射箭時射不中紅心」，意思就是偏離了神所定的終極目標。[①]

一個將所有的罪都包括在內的廣闊定義是：「任何偏離已知的上帝旨意，無論是未遵行上帝所特定命令的，或行了祂特別禁止的事。」[②]

劉曉亭牧師說：「《聖經》對『罪』的定義：在〈羅馬書〉中說罪是『虧欠了上帝的榮耀』，簡言之就是『不像上帝』……在言行、意念中不能保持像上帝一樣完美，這就是『罪』。『開玩笑，這可能嗎？那不是天下烏鴉一般黑？』您答對了！《聖經》確實說古往今來每個人都是罪人。於是有人說：『標準太嚴苛，自討苦吃嘛！』說得也是，好端端地誰願意活在『罪』的壓力下呢？不過，年歲漸長，人用盡方法也除不去良心中的『罪惡感』，則是事實。可見，不論律法對罪的定義有多大差異（各國法律標準不一），但人心對罪的實質仍有相當程度的認同。而各宗教所要解決的，也正是

這個問題。除去文化差異，《聖經》中的『罪』其實正類似中國人所謂的『錯』或『過』。而『世人都犯了罪』（羅馬書3章23節），正是『人非聖賢，孰能無過』。這麼一解釋，閣下的氣至少消了一半吧！」③

參考資料：

①山河市華人宣道會國語部啟發課程第四課「認識罪的問題」
②基督復臨安息日會全球總會傳道協會，《基督復臨安息日會基本信仰28條》（台北：時兆文化，2006）頁116。
③劉曉亭，《基督徒術語入門》（台北：宇宙光，1999）頁56、57。

❼悔改

　　「悔改」一詞，是從希伯來文nocharn譯出，意為「抱歉」或「悔改」。希臘文中的對等字是metanoeo，意為「改變心意」、「感覺悔恨」、「悔改」。真實悔改的結果是在對上帝及對罪的態度上，有了根本的改變。上帝的靈會使那些接受祂的人，感覺到上帝的公義以及他們自己迷失的境況，因而感知罪的嚴重性。他們經驗悲傷與罪惡感。他們認識到那真理：「遮掩自己罪過的，必不亨通；承認離棄罪過的，必蒙憐恤。」（箴言28章13節）他們清楚承認每一樣罪。藉著使用意志力，他們完全降服在救主腳前，離棄他們的罪行。這樣的悔改就在人的轉變中達到頂點──罪人轉向上帝（希臘文epistrophe，意為「轉向」，參見使徒行傳15章3節）。

參考資料：

基督復臨安息日會全球總會傳道協會，《基督復臨安息日會基本信仰28條》（台北：時兆文化，2006）頁151、152。

❽稱義

「稱義」一詞，譯自希臘文dikaioma，意為「公義的要求、行為」、「法規」、「司法判決」、「公義的行為」。形容詞Dikaiosis則表示「稱義」、「伸冤」、「宣判無罪」。動詞dikaioo意為「宣稱為義，或待之如義」、「判為無罪」、「被稱為義」、「被釋放、被淨化」、「稱義」、「伸冤」、「行公義」等。這些解釋可以幫助我們更清楚地了解「稱義」這個詞。

一般說來，在神學上的「稱義」，乃是「藉以宣稱悔改的罪人為義，或視其為義的上帝的作為。……」這項稱義的基礎並不是我們的順從，而是基督的順從，因為「因一次的義行，眾人也就被稱義得生命了……因一人的順從，眾人也就成為義了。」（羅馬書5章18、19節）祂將這項順從賜給了那些「蒙上帝的恩典，因基督耶穌的救贖，就白白的稱義」（羅馬書3章24節）的信徒。「祂便救了我們；並不是因我們自己所行的義，乃是照祂的憐憫。」（提多書3章5節）

參考資料：

基督復臨安息日會全球總會傳道協會，《基督復臨安息日會基本信仰28條》（台北：時兆文化，2006）頁153。

❾中保

　　或譯「中間人」，指基督，祂在人與上帝中間擔負調解的任務，使人得以恢復跟上帝的正常關係（加拉太書3章19節；希伯來書8章6節，9章15節，12章24節）。[1]

　　《聖經》中一直強調上帝和人之間需要橋樑，雖然這道裂縫是因人先背叛上帝，但上帝一直主動設立「中保」，也就是關係人。透過了耶穌降生、代死、復活，上帝和人的隔閡已完全破除了。正因如此，耶穌死時，聖殿的幔子才會由上而下裂為兩半，象徵神人和好。而耶穌復活後，《聖經》記載祂在天上為我們代求，可見耶穌的確是神人之間的和好者──中保。[2]

參考資料：

①聯合聖經公會，《聖經》名詞淺註，頁1。
②劉曉亭，《基督徒術語入門》（台北：宇宙光，1999）頁79。

⑩阿們

　　每次禱告結束時都會說的「阿們」，但它並不是結束的意思，它原是希伯來語，意思為：「是，上主」或「盼望是這樣」，「就是這樣」或「希望會這樣」的意思，也可以譯為「誠然」、「誠心所願」等。在《聖經舊約》中多被用來同意別人的話，而在《聖經新約》中，「阿們」通常被譯為「實實在在、確確實實」的意思。所以當我們在禱告結尾時，別忘了誠心地求上帝垂聽，好好地說：「阿們！」

參考資料：

①聯合聖經公會，《聖經》名詞淺註，頁5。
②劉曉亭，《基督徒術語入門》（台北：宇宙光，1999）頁101。

⓫哈利路亞

　　「哈利路亞」（Hallelujah，Halleluyah，或 Alleluia），天主教譯作阿肋路亞，又譯哈雷路亞和阿利路亞等（通常來說，不論是新教或天主教，都會直接唸原文而非譯文。不同的是，新教起頭是「哈」的音，天主教則是「阿」的音）①。

　　Hallelujah全句應是「我們要讚美耶和華」。這個詞彙主要出現在〈詩篇〉，它已經被許多西方語言接受。對於大部分基督徒，「哈利路亞」是對上帝的最熱情讚頌。

　　〈詩篇〉中的最後五篇（145至150篇）均以「哈利路亞」作為開始和結束，所以又被稱為「哈利路亞詩篇」（Hallelujah Psalms）②。

參考資料：

①維基百科https://zh.wikipedia.org/wiki/哈利路亞
②台灣聖經網http://www.taiwanbible.com/web/word/

⑫屬靈

「屬靈」一詞出自《聖經》，多半和「屬肉體」、「屬血氣」作一強烈的對比，意即將我們這個人和所做的事的一種區別，看看我們所做的是否合乎《聖經》的要求，或是率性而為。

因此，所謂「屬靈」指的是一個人可以尊主為大，思想、言語、行為都不違反上帝的心意，而「不屬靈」就是以自我為中心，與自己的慾望妥協。

基督徒應該是「屬靈」的，活出上帝美好的形象，而不是「屬肉體」的，雖然相信上帝，卻向自我的罪性屈服。

參考資料：

劉曉亭，《基督徒術語入門》（台北：宇宙光，1999）頁66、67。

⓭平安

希伯來文的「平安」（Shalom），英文一般翻譯成「Peace」，中文則翻譯為「平安」、「和平」或「和睦」。按照《聖經》學者約翰・麥堅時（John McKenzie）的《聖經字典註釋》（Dictionary of the Bible），平安是指來自上帝完滿的、什麼也不缺少的祝福，它不只是身體無恙，精神舒暢，還包括了人與人之間的和睦相處，更包括上帝對人完滿的賜福，是上帝與人同在時必有的內心狀態。

猶太人習慣以Shalom（音譯：沙龍）彼此問候，意思是祝願對方常有上帝同在，並有從上帝而來的完滿祝福，因為有這樣真正的平安，才能在生活裡無所畏懼，在人生風浪中仍能安然面對。

《聖經》多處表明真正的平安只有從上帝而來，「耶和華沙龍」表明上帝是賜人平安的上帝（士師記6章24節），先知以賽亞預言耶穌基督的降生，耶穌是「和平之君」，是賜人平安的君王（以賽亞書9章6節）；當耶穌離世升天時，祂對門徒說：「我留下平安給你們；我將我的平安賜給你們。我所賜

的，不像世人所賜的。你們心裡不要憂愁，也不要膽怯。」

（約翰福音14章27節）

　　真平安是上帝賜給人的恩典，不是世人努力賺來的。人只要憑信心信靠耶穌基督，有上帝同在，才會有平安。

參考資料：

張鎮英牧師：http://peace.elchk.org.hk/Articles/cheung1212.htm

❶❹喜樂

「喜樂」等於「快樂」嗎？不一樣喔！「快樂是肉體的感覺，當外在環境讓你感到順遂，乃至覺得能被你駕馭時，你就能笑得出來，此謂之快樂。因此，快樂來得快，但也消失得快。但是，喜樂就是心裡的寧靜，不因外在變化而驚動我們內在的平安。」

快樂是短暫的，但喜樂是永恆的，因為「喜樂的源頭」來自神。「在神面前有滿足的喜樂。」（詩篇16篇11節）①

「上帝的旨意，絕不要祂的子女被憂慮所捆壓，但祂並不欺哄我們。祂沒有對我們說：『不要害怕，你們所行的路，必無危險。』祂知道在我們的前面必有各種的試煉與危險，就明明的告訴我們。祂並不打算叫祂的百姓脫出這罪惡的世界，但祂已指示我們一個永恆可靠的避難所。基督為門徒祈禱說：『我不求祢（上帝）叫他們離開世界，只求祢保守他們脫離那惡者。』祂說：『在世上你們有苦難，但你們可以放心，我已經勝了世界。』……上帝願意使祂的子女都有平安、都有快樂、都能順從。耶穌說：『我留下平安給你

們，我將我的平安賜給你們，我所賜的，不像世人所賜的，你們心裡不要憂愁，也不要膽怯。』『這些事我已經對你們說了，是要叫我的喜樂存在你們心裡，並叫你們的喜樂可以滿足。』……人以自私的心和不負責任的方法得來的喜樂，是虛浮的、不平穩的、不能久存的。這種快樂一過，便使人心中充滿了愁悶孤獨之感；然而在事奉上帝的事上，卻有真正的喜樂和滿足。」②

參考資料：

①江兒，〈喜樂——在地上能超越環境的快樂！〉《時兆月刊》2009年10月號。
②懷愛倫，《喜樂的泉源》（台北：時兆出版社，2011）頁145－148。

⑮恩典

在《聖經》中，「恩典」這個詞語翻譯自古希臘語：χάρις（charis），原意為「帶來滿足、愉快、歡樂和好運」。是上帝對人類一種厚待的表現，特別是關於救贖方面。

恩典不是可以靠任何的美德、禮物、行為或努力可以賺取回來。恩典不能與功德混淆。如果一個人能靠行善得救，那救恩只是他的工價。（羅馬書4章4、5節；11章6節）。神沒有虧欠任何人，救恩是白白的禮物，是神因自己的慈愛賜予給人的。

《耶穌比宗教大》書中這樣形容「恩典」：「恩典並非在遠處等待未來的我，而是現在就給了真實的我：艱苦掙扎的我、一團混亂的我、耽溺色情的我、對一切毫無所知的我、沒安全感的我。神在我的泥沼中愛我，沒等我洗淨自己就愛我。」

參考資料：

①維基百科：https://zh.wikipedia.org/wiki/%E6%81%A9%E5%85%B8
②傑弗森・貝斯齊，《耶穌比宗教大》（台北：啟示出版，2014）頁38。

⑯恩賜

上帝在各世代都賜給祂教會每一位信徒屬靈的「恩賜」，讓每一信徒用在愛的服務上，使教會及人類都共同獲益。這些恩賜是由聖靈按著祂自己的意思分賜給各信徒，供給教會為完成上帝指定任務所需的一切能力與職事。

依據《聖經》，這些恩賜包括的職事有：信心、醫病、說預言、宣講福音、教導、治理、和好、同情、自我犧牲的服務，並幫助人鼓勵人的愛心。有些信徒被上帝選召，聖靈賦予能力，從事教會所承認的職務，如牧師、傳福音的、使徒、教師，以滿足信徒服務時特別的需要，以建造教會至其靈性成熟之境，培植信徒對上帝的知識及信仰上的合一。

當信徒作上帝百般恩典的忠心管家，而使用這些屬靈的恩賜時，教會就得到保護，免受假道破壞的影響，而獲致出於上帝的增長，並在信與愛中建立自己。

參考資料：

基督復臨安息日會全球總會傳道協會，《基督復臨安息日會基本信仰28條》（台北：時兆文化，2006）頁264。

⓱見證

　　「見證」一詞，在希臘語的原意是指目擊者在法庭上為所聽、所見的事作證。在《新約聖經》中，使徒們常為耶穌的生、死，和復活等事實作證。教會的見證是指公開宣認耶穌和傳揚福音。[①]

　　「作見證」是專指一個人向別人說明上帝做的一些奇妙的事，或者是敍述某些事件與人物帶給他的影響，但必須跟基督信仰有關才行。所以當一個人作見證時，多半是告訴別人他認識上帝以後的改變，或是說明他為什麼會接受信仰的原因和過程，由此可知作見證是一種經驗的傳遞。[②]

參考資料：

①聯合聖經公會，《聖經》名詞淺註，頁4。
②劉曉亭，《基督徒術語入門》（台北：宇宙光，1999）頁21。

⑱呼召

　　「呼召」在希臘文（kletos）是指神呼召人得著救恩（羅馬書
1章1、7節；8章28節），因著神的呼召，人才會相信。呼召這個
字，有無條件的揀選，和不能抗拒的恩典的意思。①

　　《舊約聖經》的呼召在希伯來文意思是「呼喊、喚
起」，主要的意涵有：召喚、邀請、依靠神、呼求神……等
等。

　　《和合本聖經》譯為蒙召、恩召、選召、召。

　　「呼召」是教會內部運用很廣的詞，最常見的就屬佈道
會中的「呼召」了，通常講員會問台下的人：「有沒有人願
意在今天晚上接受耶穌做你的救主？」當這個時候，我們慣
於稱它為「呼召」。在此「呼召」的意思就是問人願不願意
接受耶穌作救主的意思。②

參考資料：

①殷保羅（Paul P. Enns），姚錦森譯：《慕迪神學手冊》（香港：福音證主協
　會出版，1994）。
②劉曉亭，《基督徒術語入門》（台北：宇宙光，1999）頁81。

⓳異象

「異象」是一種作為上帝啟示媒介的奇異或不尋常的景象。上帝曾藉異象向舊約時代的先知和新約時代的使徒傳達祂的旨意。[1]

在《聖經》中很重視「異象」，因為異象的來源是上帝，有其清楚的指示及意義，絕不同於胡思亂想式的白日夢或做夢。

到了後來，這個詞更廣泛地被運用於教會中，是因為它可被解釋為一種屬靈的眼光，更淺顯地說，「有異象」便是知道該為上帝做什麼，也知道上帝要我做什麼。[2]

參考資料：

①聯合聖經公會，《聖經》名詞淺註，頁7。
②劉曉亭，《基督徒術語入門》（台北：宇宙光，1999）頁63。

❷⓪敬拜讚美

　　「敬拜」與「讚美」是《聖經》中很古老的兩個名詞，而且不管是人或天使，敬拜的對象都只有一位，就是創造宇宙的主宰，上帝也特別強調除了祂一位真神以外，不可另拜別神，因此「敬拜」形成《聖經》中很獨特的觀念，不只指一種宗教儀式，更是要人專心認定獨一真神。[1]

　　今日很多人把「敬拜」與「讚美」兩詞合一，變成一個專有名詞「敬拜讚美」，即指禮拜前長時間唱「短歌」暖身，然後進入禮拜的意思。唱「敬拜讚美」的歌還常帶有拍手、跳舞，還有音響樂器伴奏，且台上主要歌手每人都有一支麥克風，這些都是「敬拜讚美」特殊的現象。青年人要用適合於自己的方式禮拜本無可厚非，只是不可不考慮到教會中還有其他不同的人及不同的需要，這是今日許多做「敬拜讚美」的教會應當考慮的。敬拜讚美不只是在唱歌，而是在敬拜上帝、在培養、見證我們的信仰。[2]

參考資料：

[1]劉曉亭，《基督徒術語入門》（台北：宇宙光，1999）頁46頁。
[2]駱維道〈從音樂立場看「敬拜讚美」〉http://goo.gl/wFc1UU

㉑團契

　　和合本《聖經》中沒有「團契」這個詞，其在英文《聖經》中對應的詞通常為「fellowship」，即夥伴關係，源自《聖經》的「相交」一詞，意思為相互交往、分享和建立關係。

　　「團契」現在常用作基督教特定聚會的名稱，其旨在增進基督徒和「慕道友」共同追求信仰的信心，和相互分享、幫助的集體情誼。因而廣義的團契也可指教會和其它形式的基督徒聚會。

　　團契生活是基督徒最基本和非常重要的教會生活，所以團契也稱基督徒團契。天主教則稱為共融，特別用來指在基督內聯合在一起的行為與活動。

參考資料：

維基百科：https://goo.gl/uRMd0s

㉒交通

《新約聖經》原文（希臘文）的「κοινωνία」一詞，在和合本《聖經》中對應的翻譯為交接、得分、相通、感動、交通、一同等有共同分享、相交的意思的詞語。[1]

《聖經》是很重視信徒互動生活的，所以常說：「你們要『彼此』……」這種有來有往的互動、交談便是「交通」。所以當有人要和我們交通一下，便是指他依上帝的教導要和我們分享生活經驗，並願意聆聽我們的回應。這個方式本可譯作「交誼」，但是，為了與一般的方式區別，「交通」便成了基督徒的專用術語，專指基督徒交換生活體驗。[2]

參考資料：

①維基百科：https://goo.gl/uRMd0s
②劉曉亭，《基督徒術語入門》（台北：宇宙光，1999）頁15頁。

㉓慕道友

　　「慕道友」英文為Seeker，字意是「尋找者」，說明他們正在找尋人生的方向指引。從字面上解釋就是「渴慕真道的朋友」，一般指羨慕或尋求信仰，或對某種宗教感興趣或認同的人。他們會來參加基督教的一些活動，但還未清楚基督教的基本教義，且尚未接受牧師施以洗禮。

　　基督徒視慕道友為朋友，又被稱為「福音朋友」。伊斯蘭教有時也稱「慕道者」。

參考資料：

維基百科：https://goo.gl/sBOCj0

我願為你禱告

㉔肢體

　　「肢體」是《聖經》的觀念，《聖經》教導我們，信徒如同一個身子，只是分屬不同的肢體，「因此以一個肢體受苦，全身就受苦」來教導大家彼此擔當，同時也說明基督是「頭」，每一個肢體都接受「頭」的指揮。這樣的關係，耶穌也曾以葡萄樹與枝子來比喻。總之，大家是一體的，而這樣的關係，主要是從上帝而來，也因此有「主內」之稱，表明大家在主耶穌基督裡，都是一家人。所以只要是真正接受這個信仰的人，就能互稱「主內肢體」了。

參考資料：

台灣Wiki：http://goo.gl/mYSfsX

㉕什一奉獻

又稱「什一捐」。正如七分之一時間（安息日）屬於上帝，我們所獲得一切財物的十分之一也屬於祂。《聖經》說：什一「歸上帝為聖」，象徵一切東西都是祂的（利未記27章30、32節）。

什一制度的平等性顯示在它對窮人與富人都作同樣比例的要求。依照上帝將祂的財產賜給我們使用的多少，我們歸還十分之一給祂。在整本《聖經》中，都可看見交納什一是上帝所悅納的。

這樣大量的奉獻是否會造成貧窮呢？正好相反，上帝應許在我們忠心的奉獻上賜福給我們——「萬軍之耶和華說：你們要將當納的十分之一全然送入倉庫，使我家有糧，以此試試我，是否為你們敞開天上的窗戶，傾福與你們，甚至無處可容。……萬軍之耶和華說：萬國必稱你們為有福的，因你們的地必成為喜樂之地。」（瑪拉基書3章10－12節）

參考資料：

基督復臨安息日會全球總會傳道協會，《基督復臨安息日會基本信仰28條》（台北：時兆文化，2006）頁333－335。

㉖管家

　　「管家」是一個「受託管理家業或另一個人之產業的人」。管家身分包括「作管家之人的責任、地位與服務。」對基督徒來說，管家代表「人對上帝所託付他的一切東西的使用與責任——生命、身體、時間、才幹、能力、物質上的財物、為他人服務的機會，並他對真理的知識等。」基督徒的事奉是作上帝產業的管理人，視生命為上帝所賜的機會，「學習作忠心的管家，藉此得著資格能在將來永恆的事物上作更高的管家。」

　　基督徒是上帝的管家。祂託付我們時間與機會、能力與錢財、地上的福分與資源，我們有責任適當地使用它們。

　　管家的身分，是上帝為了培育愛、勝過自私與貪心，所賜給我們的一項特權。管家因他的忠心而使他人得福時，就歡喜快樂。

參考資料：

基督復臨安息日會全球總會傳道協會，《基督復臨安息日會基本信仰28條》（台北：時兆文化，2006）頁330、331。

㉗餘民

〈啟示錄〉12章17節說：「龍向婦人發怒，去與她其餘的兒女爭戰，這兒女就是那守上帝誡命、為耶穌作見證的。」約翰所寫的這句「其餘的兒女」，意思是上帝「剩餘的」子民或「餘民」。

《聖經》描寫餘民是一小群上帝的子民，經過了災難、戰爭、背道，仍然對上帝保持忠心的人。這忠心的餘民，乃是上帝用以繁衍祂地上有形教會的根。（參閱歷代志下30章6節；以斯拉記9章14、15節；以賽亞書10章20－22節；耶利米書42章2節；以西結書6章8節，14章22節）

末時的餘民是不容易被錯認的，約翰用特別的措詞描寫這一群人。他們是由一批「守上帝誡命、有耶穌基督見證的」人所組成。他們負有責任，要在基督復臨之前，向全世界宣講上帝最後的警告，就是〈啟示錄〉14章中，三天使的信息（參閱啟示錄14章6－12節）。

參考資料：

基督復臨安息日會全球總會傳道協會，《基督復臨安息日會基本信仰28條》（台北：時兆文化，2006）頁215。

❷❽洗禮

　　一種宗教儀式。在施洗者約翰出現以前，猶太人用水為外邦人施洗，使他們歸入猶太教。基督教會也施行洗禮（馬太福音28章19節）；洗禮象徵人藉著信基督而得新生命，進入基督徒的團契（羅馬書6章1－11節）。[①]

　　這種「以前種種譬如昨日死，以後種種譬如今日生」的體驗，又稱為「重生」（約翰福音3章3節）。

　　「水」是洗禮的外在因素，而「聖靈」則是洗禮的內在因素，通過水所表明的潔淨，期盼聖靈做工，清除罪惡，帶來新的生命。因此，洗禮是成聖稱義之路：「但如今你們奉主耶穌基督的名，並藉著我們上帝的靈，已經洗淨，成聖稱義了。」（哥林多前書6章11節），不只帶來潔淨，而且走向成聖稱義。」[②]

參考資料：

①聯合聖經公會，《聖經》名詞淺註，頁5。
②林鴻信，《認識基督宗教》（台北：校園書房，2006）頁132、133。

㉙聖餐禮

「洗腳禮」與「聖餐」構成了「聖餐禮」。耶穌設立了這兩個禮儀，幫助我們與祂相交。

根據猶太人的習俗，在慶祝逾越節時，猶太人的家庭在無酵節七日的第一日來到之前，要從家中除去一切的酵——罪（出埃及記12章15、19、20節）。因此信徒必須承認並悔改一切罪——包括驕傲、爭競、嫉妒、忿怒的感情及自私……，才能在適合的心靈中，在這最深的層面上與基督相交通。

為了這個目的，基督設立「洗腳禮」，表明祂對門徒的愛。「洗腳禮」紀念基督成為肉身及服務生活上的謙卑。並使這項禮儀成為帶領信徒進入溫柔慈愛的境地，感動他們為他人服務。[①]

「我當日傳給你們的，原是從主領受的，就是主耶穌被賣的那一夜，拿起餅來，祝謝了，就擘開，說：『這是我的身體，為你們捨的，你們應當如此行，為的是記念我。』飯後，也照樣拿起杯來，說：『這杯是用我的血所立的新約，你們每逢喝的時候，要如此行，為的是記念我。』……你們

每逢吃這餅，喝這杯，是表明主的死，直等到祂來。」（哥林多前書11章23－26節）

從《舊約聖經》的傳統來看，聖餐帶有獻祭的意思，耶穌所說「擘開的身體」及「血」，其背後有一神學觀念，就是「獻祭」。在舊約時代，所有的罪都不能輕易地被赦免，除非經過代替性的承擔，人才能夠免罪。所以，耶穌的受苦與被釘十字架，就是象徵成為獻上的祭，使世人的罪得以赦免。[2]

信徒不可將「聖餐禮」只當作一個歷史事件的紀念儀式。……它提醒我們，罪已使上帝付出了多少；以及世人領受了基督多少的恩典。它也使信徒重新記起，他有責任向公眾見證他對上帝兒子贖罪之死的信心。（出處同[1]）

參考資料：

[1]基督復臨安息日會全球總會傳道協會，《基督復臨安息日會基本信仰28條》（台北：時兆文化，2006）頁253、254、260。
[2]林鴻信，《認識基督宗教》（台北：校園書房，2006）頁136、137。

㉚安息日

　　猶太曆每週的第七日（自星期五日落至星期六日落）。猶太人稱為安息日（Sabbath），謹守這日為聖日，不許工作。[1]

　　上帝設立安息日，「在一個未被罪與悖逆污染的世界中，作為祂權能的記號。它是由上帝所命令『當記念安息日，守為聖日』的教訓所定之個人永久義務的制度（出埃及記20章8節）。」這條誡命將一週分為兩部分。上帝賜給人六天「勞碌做你一切的工」，但第七日「無論何工都不可做」（出埃及記20章9、10節）。

　　安息日乃是一項恩典的禮物，祂特別賜福這一天，將它定為聖日，讓我們永遠不要忘記，並且每週提醒我們，我們是祂所創造的。

　　除了工作之外，生活還應包括與創造主交通、休息，以及慶祝上帝奇妙的創造大工（創世記2章2、3節）。為了強調它的重要性，創造主便將這叫人紀念祂創造大能的紀念日，放在道德律法的中心，作為祂創造的永恆標記（出埃及記20章8－11節，31章13－17節；以西結書20章20節）[2]

　　除了每週的安息日之外，在猶太曆中，還有七年一次的「安息年」（Sabbatical Year），和七個安息年一次的「禧年」（The Year of Jubilee），都是追求安息的節慶（利未記25章）。[3]

參考資料：

①聯合聖經公會，《聖經》名詞淺註，頁3。
②基督復臨安息日會全球總會傳道協會，《基督復臨安息日會基本信仰28條》（台北：時兆文化，2006）頁311、98。
③林鴻信，《認識基督宗教》（台北：校園書房，2006）頁149。

國家圖書館出版品預行編目資料

我願為你禱告/臺港韓18位基督徒共同執筆作 --
初版. -- 臺北市：時兆，2015.12
　　　面；　　　公分--

ISBN 978-986-6314-58-2（精裝）
1. 基督教　2.祈禱

244.3　　　　　　　　　　　104021638

我願為你禱告

作　　　者	台港韓18位基督徒共同執筆	
董　事　長	李在龍	
發　行　人	周英弼	
出　版　者	時兆出版社	
客　服　專　線	0800-777-798（限台灣地區）	
電　　　話	886-2-27726420	
傳　　　真	886-2-27401448	
地　　　址	台灣台北市10556松山區八德路2段410巷5弄1號2樓	
網　　　址	http://www.stpa.org	
電　　　郵	service@stpa.org	
主　　　編	周麗娟	
責　任　編　輯	陳美如	
封　面　設　計	時兆設計中心　李宛青	
美　術　編　輯	時兆設計中心　李宛青	
法　律　顧　問	元輔法律事務所　TEL：886-2-27066566	
總　經　銷	聯合發行股份有限公司 TEL：886-2-29178022	
基督教書房	基石音樂有限公司 TEL：886-2-29625951	
網　路　商　店	http://www.pcstore.com.tw/stpa	
電　子　書　店	http://www.pubu.com.tw/store/12072	
I S B N	978-986-6314-58-2	
定　　　價	新台幣180元　美金7元	
出　版　日　期	2015年12月　初版1刷